LE LIVRE DE CUISINE COMPLET SANS CÉRÉALES

100 plats riches en nutriments et sans céréales pour une santé éclatante

Sandra Lompech

Matériel protégé par le droit d'auteur ©202 3

Tous droits réservés

Sans le consentement écrit approprié de l'éditeur et du propriétaire des droits d'auteur, ce livre ne peut être utilisé ou distribué de quelque manière que ce soit, à l'exception de brèves citations utilisées dans une critique. Ce livre ne doit pas être considéré comme un substitut à un avis médical, juridique ou autre conseil professionnel.

TABLE DES MATIÈRES

TABLE DES MATIÈRES 3
INTRODUCTION 6
PETIT-DÉJEUNER 7
    1. Frittata de tomates et basilic 8
    2. Pain à la noix de coco 10
    3. Crêpes aux épinards et au chia 12
    4. Omelette au fromage et aux olives 14
    5. Frittata au chou frisé et à la feta 16
    6. Muffins aux fruits frais 18
    7. Fromage Courgettes Aubergines 20
    8. Nuggets de brocoli 22
    9. Frittata de chou-fleur 24
    10. Muffins au chou frisé et à la noix de coco 26
    11. Muffins Protéinés 28
    12. Gaufres saines 30
    13. Crêpes au fromage et aux amandes 32
    14. Quiche aux légumes 34
    15. Muffins à la citrouille 36
    16. Lait de noix et crème 38
    17. Tarte aux pommes Groupes 40
    18. Muesli 42

CONFITURES 44
    19. Abricot/Pêche/Ananas 45
    20. Fraise/Cerise 47
    21. Myrtille/Prune 49
    22. Compote de pommes crue 51
    23. Chutney de fruits acidulé (fermenté) 53
    24. Sauce aux cerises et aux canneberges 55

COLLATIONS 57
    25. Crackers salés au beurre 58
    26. Crackers aux graines de légumes 60
    27. Beignets paléo au cidre de pomme 62
    28. Coupes de noix de cajou matcha 64
    29. Barres bombes grasses à l'érable et aux pacanes 66
    30. Apéritifs de chou-fleur 68

31.	Toasts de patates douces	70
32.	de fruits au bourbon	72

PLAT DE VIANDE 74

33.	Mélange de bœuf et champignons balsamique	75
34.	Mélange de porc à l'origan	77
35.	Rôti de bœuf simple	79
36.	Chili de porc et poivrons	81
37.	Purée de patates douces et bacon	83
38.	Boules de mozzarella enveloppées de prosciutto	85
39.	Boulettes de viande d'agneau au boulgour	87
40.	Houmous à l'agneau haché	89
41.	Avocat farci à l'agneau	91
42.	Courgettes de bœuf au four	93
43.	Steak au cumin et au citron vert	95
44.	Chou vert braisé à la sauce aux arachides	97
45.	Quesadilla au chipotle et au cheddar riche en protéines	99
46.	Casserole de boulettes de viande au bœuf et au poulet	101
47.	Pommes de terre rôties au citron	103
48.	Poulet au four à l'italienne	105
49.	Tacos au poulet croquant maigre et vert	107
50.	au poulet et à la dinde	109
51.	Poulet au citron, à l'ail, à l'origan et aux asperges	111
52.	Poppers au poulet et à la noix de coco	113
53.	Pizza Margherita à la croûte de poulet	115
54.	Sauté de poulet	117
55.	Shish kebabs au poulet des îles grecques	119
56.	Brochettes de poulet mexicaines	121
57.	Burgers de poulet d'été	123
58.	Crevettes à l'ail	125
59.	Moules Marinières	127
60.	Moules Vapeur au Curry-Coco	129
61.	Casserole de nouilles au thon	131
62.	Hamburgers au saumon	133
63.	pétoncles poêlés	135
64.	Morue noire	137
65.	Saumon glacé au miso	139

PLAT DE LÉGUMES 141

66.	Pâtes de courgettes au pesto de basilic	142
67.	Brocoli et tomates	144

68.	Fettuccine de courgettes avec taco mexicain	146
69.	Haricots verts	148
70.	Satay à la crème de champignons	150
71.	Hamburger de lentilles et carottes	152
72.	Patates douces sautées au parmesan	154
73.	Faisceaux de chou-fleur parfumés au romarin	156
74.	Nouilles de courgettes au pesto	158
75.	Cubes de tempeh à l'érable et au citron	160
76.	Salade de roquette et patates douces	162
77.	Bœuf avec riz au brocoli ou au chou-fleur	164
78.	Nouilles Au Poulet Et Aux Courgettes	166
79.	Spaghettis à la mijoteuse	168
80.	Lo Mein au Bœuf	170

SOUPE ET RAGOÛT 172

81.	Soupe aux tomates rôties	173
82.	soupe de cheeseburger	175
83.	Chili aux lentilles rapide	177
84.	Poulet au citron et à l'ail	179
85.	Soupe crémeuse de chou-fleur	181
86.	Soupe taco au poulet Cr o ckpot	183
87.	Sauté de tofu avec ragoût d'asperges	185
88.	Soupe de tomates à la crème de thym	187
89.	de champignons et jalapeño	189
90.	Soupe au chou-fleur	191

DESSERT 193

91.	Pouding au Chia	194
92.	Pudding citron vert-avocat	196
93.	Bouchées de brownies	198
94.	Boules de citrouille	200
95.	Grappes de noix et de chocolat	202
96.	Bombes grasses au beurre de coco et au cacao	204
97.	Gâteau Aux Myrtilles Et Au Citron	206
98.	Écorce de Choco-Amande	208
99.	Mousse de ravitaillement	210
100.	Avocat farci	212

CONCLUSION 214

INTRODUCTION

Bienvenue dans « Le livre de recettes complet sans céréales : 100 plats riches en nutriments et sans céréales pour une santé éclatante ». Dans un monde où les choix alimentaires jouent un rôle essentiel dans notre bien-être général, la décision de ne plus consommer de céréales est un voyage vers une meilleure santé et une meilleure vitalité. Ce livre de cuisine est votre guide pour adopter un mode de vie sans céréales et savourer des plats non seulement délicieux mais aussi nourrissants.

En parcourant les pages de ce livre de recettes, vous découvrirez une collection diversifiée de 100 recettes riches en nutriments et sans céréales comme le blé, le riz et le maïs. L'alimentation sans céréales a gagné en popularité en raison de ses bienfaits potentiels pour la santé, notamment une meilleure digestion et une énergie soutenue. Que vous ayez des restrictions alimentaires ou que vous recherchiez simplement une façon de manger plus saine, ces recettes offrent des alternatives créatives et satisfaisantes qui ne compromettront pas la saveur.

Nous croyons au pouvoir de la nourriture pour guérir, dynamiser et ravir. Que vous soyez un passionné de santé chevronné ou un nouveau venu dans la cuisine sans céréales, notre objectif est de rendre votre voyage culinaire agréable et éducatif. Alors, embarquons pour une expédition savoureuse qui mène à une santé éclatante grâce à des repas sans céréales.

PETIT-DÉJEUNER

1. **Frittata de tomates et basilic**

Donne : 2

INGRÉDIENTS :
- 5 œufs
- 1 cuillère à soupe d'huile d'olive
- 7 oz de boîte d'artichauts
- 1 gousse d'ail, hachée
- ½ tasse de tomates cerises
- 2 cuillères à soupe de basilic frais haché
- ¼ tasse de fromage feta, émietté
- ¼ cuillères à café de poivre
- ¼ cuillères à café de sel

INSTRUCTIONS:
a) Cuire l'huile dans une poêle à feu moyen.
b) Incorporer l'ail et faire revenir pendant 4 minutes.
c) Ajouter les artichauts, le basilic et les tomates et cuire 4 minutes.
d) Battre les œufs dans un bol et assaisonner de poivre et de sel.
e) Versez le mélange d'œufs dans la poêle et laissez cuire 5 à 7 minutes.

2. Pain à la noix de coco

Donne : 12

INGRÉDIENTS:
- 6 œufs
- 1 cuillère à soupe de levure chimique
- 2 cuillères à soupe d'écart
- ½ tasse de graines de lin moulues
- ½ tasse de farine de noix de coco
- ½ cuillères à café de cannelle
- 1 cuillère à café de gomme xanthane
- ⅓ tasse de lait de coco non sucré
- ½ tasse d'huile d'olive
- ½ cuillères à café de sel

INSTRUCTIONS:
a) Préchauffer le four à 375 F.
b) Ajouter les œufs, le lait et l'huile dans le batteur sur socle et mélanger jusqu'à ce que le tout soit bien mélangé.
c) Ajouter le reste des ingrédients et mélanger jusqu'à ce que le tout soit bien mélangé.
d) Verser la pâte dans un moule à pain graissé.
e) Cuire au four pendant 40 minutes.
f) Trancher et servir.

3. Crêpes aux épinards et au chia

Donne : 6

INGRÉDIENTS:
- 4 œufs
- ½ tasse de farine de noix de coco
- 1 tasse de lait de coco
- ¼ tasse de graines de chia
- 1 tasse d'épinards, hachés
- 1 cuillère à café de bicarbonate de soude
- ½ cuillères à café de poivre
- ½ cuillères à café de sel

INSTRUCTIONS:
a) Battre les œufs dans un bol jusqu'à ce qu'ils soient mousseux.
b) Mélanger tous les ingrédients secs, ajouter le mélange d'œufs et fouetter jusqu'à consistance lisse. Ajouter les épinards et bien mélanger.
c) Poêle graissée avec du beurre et chauffée à feu moyen.
d) Versez 3-4 cuillères à soupe de pâte dans la poêle et préparez la crêpe.
e) Cuire les crêpes jusqu'à ce qu'elles soient légèrement dorées des deux côtés.

4. Omelette au fromage et aux olives

Donne : 4

INGRÉDIENTS:
- 4 gros œufs
- 2 onces de fromage
- 12 olives dénoyautées
- 2 cuillères à soupe de beurre
- 2 cuillères à soupe d'huile d'olive
- 1 cuillère à café d'herbe de Provence
- ½ cuillères à café de sel

INSTRUCTIONS:
a) Ajouter tous les ingrédients sauf le beurre dans un bol, bien fouetter jusqu'à ce que le mélange soit mousseux.
b) Faire fondre le beurre dans une poêle à feu moyen.
c) Versez le mélange d'œufs dans une poêle chaude et étalez uniformément.
d) Couvrir et cuire 3 minutes.
e) Retourner l'omelette de l'autre côté et cuire encore 2 minutes.

5. **Frittata au chou frisé et à la feta**

Donne : 8

INGRÉDIENTS:
- 8 œufs battus
- 4 oz de fromage feta, émietté
- 6 oz de poivron, rôti et coupé en dés
- 5 onces de chou frisé
- ¼ tasse d'oignon vert, tranché
- 2 cuillères à café d'huile d'olive

INSTRUCTIONS:
a) Cuire l'huile d'olive dans une poêle à feu moyen-vif.
b) Incorporer le chou frisé dans la poêle et faire sauter pendant 4 à 5 minutes ou jusqu'à ce qu'il soit ramolli.
c) Vaporiser la mijoteuse d'enduit à cuisson.
d) Ajouter le chou frisé cuit dans la mijoteuse.
e) Ajouter l'oignon vert et le poivron dans la mijoteuse.
f) Versez les œufs battus dans la mijoteuse et mélangez bien.
g) Saupoudrer de fromage feta émietté.
h) Cuire à feu doux pendant 2 heures.

6. Muffins aux fruits frais

Donne : 9

INGRÉDIENTS:
- 2 oeufs
- ½ cuillères à café de vanille
- ½ tasse de bleuets frais
- 1 cuillère à café de levure chimique
- 6 gouttes de stévia
- 1 tasse de crème épaisse
- 2 tasses de farine d'amande
- ¼ tasse de beurre fondu

INSTRUCTIONS:
a) Réglez le four à 350 F.
b) Incorporer les œufs dans le bol à mélanger et fouetter jusqu'à ce que le tout soit bien mélangé.
c) Incorporer le reste des ingrédients aux œufs.
d) Versez la pâte dans un moule à muffins graissé et faites cuire au four pendant 25 minutes. Servir.

7. Fromage Courgettes Aubergines

Donne : 8

INGRÉDIENTS:
- 1 aubergine, coupée en cubes de 1 pouce
- 1 ½ tasse de sauce à spaghetti
- 1 courgette moyenne, coupée en morceaux de 1 pouce
- ½ tasse de parmesan, râpé

INSTRUCTIONS:
a) Incorporer tous les ingrédients dans la mijoteuse et bien mélanger.
b) Couvrir et cuire à feu vif pendant 2 heures.
c) Bien mélanger et servir.

8. Nuggets de brocoli

Donne : 4

INGRÉDIENTS:
- 2 blancs d'œufs
- 2 tasses de fleurons de brocoli
- ¼ tasse de farine d'amande
- 1 tasse de fromage cheddar, râpé
- ⅛ cuillères à café de sel

INSTRUCTIONS:
a) Préchauffer le four à 350 F.
b) Ajouter le brocoli dans un bol et écraser à l'aide d'un presse-purée.
c) Incorporer le reste des ingrédients au brocoli.
d) Disposez 20 boules sur une plaque à pâtisserie et appuyez légèrement.
e) Cuire au four préchauffé pendant 20 minutes.

9. Frittata de chou-fleur

Donne : 1

INGRÉDIENTS:
- 1 oeuf
- ¼ tasse de riz au chou-fleur
- 1 cuillère à soupe d'huile d'olive
- ¼ cuillères à café de curcuma
- Poivre
- Sel

INSTRUCTIONS:
a) Incorporer tous les ingrédients sauf l'huile dans le bol et bien mélanger.
b) Cuire l'huile dans une poêle à feu moyen.
c) Versez le mélange dans la poêle à huile chaude et faites cuire pendant 3-4 minutes ou jusqu'à ce qu'il soit légèrement doré.

10. Muffins au chou frisé et à la noix de coco

Donne : 8

INGRÉDIENTS:
- 6 œufs
- Demi-tasse de lait de coco, non sucré
- 1 tasse de chou frisé, haché
- ¼ cuillères à café de poudre d'ail
- ¼ cuillères à café de paprika
- ¼ tasse d'oignon vert, haché

INSTRUCTIONS:
a) Préchauffer le four à 350 F.
b) Ajouter tous les ingrédients dans le bol et bien fouetter.
c) Versez le mélange dans le moule à muffins beurré et faites cuire au four pendant 30 minutes.

11. Muffins Protéinés

Donne : 12

INGRÉDIENTS:
- 8 œufs
- 2 cuillères à soupe de poudre de protéine de vanille
- 8 onces de fromage à la crème
- 4 cuillères à soupe de beurre fondu

INSTRUCTIONS:
a) Dans un grand bol, fouetter le fromage à la crème et le beurre fondu.
b) Ajouter les œufs et la poudre de protéines et fouetter jusqu'à ce que le tout soit bien mélangé.
c) Versez la pâte dans le moule à muffins graissé.
d) Cuire au four à 350 F pendant 25 minutes.

12. Gaufres saines

Donne : 4

INGRÉDIENTS:
- 8 gouttes de stévia liquide
- ½ cuillères à café de bicarbonate de soude
- 1 cuillère à soupe de graines de chia
- ¼ tasse d'eau
- 2 cuillères à soupe de beurre de graines de tournesol
- 1 cuillère à café de cannelle
- 1 avocat pelé, dénoyauté et écrasé
- 1 cuillère à café de vanille
- 1 cuillère à soupe de jus de citron
- 3 cuillères à soupe de farine de noix de coco

INSTRUCTIONS:
a) Préchauffez le gaufrier.
b) Dans un petit bol, ajoutez l'eau et les graines de chia et laissez tremper 5 minutes.
c) Écrasez ensemble le beurre de graines de tournesol, le jus de citron, la vanille, la stevia, le mélange de chia et l'avocat.
d) Mélangez la cannelle, le bicarbonate de soude et la farine de noix de coco.
e) Ajouter les ingrédients humides aux ingrédients secs et bien mélanger.
f) Versez le mélange de gaufres dans le gaufrier chaud et faites cuire de chaque côté pendant 3 à 5 minutes.

13. Crêpes au fromage et aux amandes

Donne : 4

INGRÉDIENTS:
- 4 œufs
- ¼ cuillères à café de cannelle
- ½ tasse de fromage à la crème
- ½ tasse de farine d'amande
- 1 cuillère à soupe de beurre fondu

INSTRUCTIONS:
a)   Incorporer tous les ingrédients dans le mélangeur et mélanger jusqu'à ce que le tout soit bien mélangé.
b)   Faites chauffer le beurre dans une poêle à feu moyen.
c)   Versez 3 cuillères à soupe de pâte par crêpe et faites cuire 2 minutes de chaque côté.

14. Quiche aux légumes

Donne : 6

INGRÉDIENTS:
- 8 oeufs
- 1 tasse de parmesan, râpé
- 1 tasse de lait de coco non sucré
- 1 tasse de tomates hachées
- 1 tasse de courgettes, hachées
- 1 cuillère à soupe de beurre
- ½ cuillères à café de poivre
- 1 cuillère à café de sel

INSTRUCTIONS:
a) Préchauffer le four à 400 F.
b) Faites chauffer le beurre dans une poêle à feu moyen, puis ajoutez l'oignon et faites revenir jusqu'à ce que l'oignon ramollisse.
c) Ajouter les tomates et les courgettes dans la poêle et faire sauter pendant 4 minutes.
d) Battez les œufs avec le fromage, le lait, le poivre et le sel dans un bol.
e) Versez le mélange d'œufs sur les légumes et faites cuire au four pendant 30 minutes.
f) Trancher et servir.

15. Muffins à la citrouille

Donne : 10

INGRÉDIENTS:
- 4 œufs
- ½ tasse de purée de citrouille
- 1 cuillère à café d'épices pour tarte à la citrouille
- ½ tasse de farine d'amande
- 1 cuillère à soupe de levure chimique
- 1 cuillère à café de vanille
- ⅓ tasse d'huile de coco, fondue
- ⅔ tasse d'écart
- ½ tasse de farine de noix de coco
- ½ cuillères à café de sel marin

INSTRUCTIONS:
a) Préchauffer le four à 350 F.
b) Farine de noix de coco, épices pour tarte à la citrouille, levure chimique, embardée, farine d'amande et sel marin.
c) Incorporer les œufs, la vanille, l'huile de noix de coco et la purée de citrouille jusqu'à ce que le tout soit bien mélangé.
d) Versez la pâte dans le moule à muffins beurré et faites cuire au four pendant 25 minutes.

16. Lait de noix et crème

Donne : 2 tasses de crème ou 4 tasses de lait

INGRÉDIENTS:
- 2 à 4 tasses d'eau filtrée
- 1 tasse de noix de macadamia crues
- 1 tasse d'amandes blanchies
- 1 tasse de noix de coco râpée, non sucrée
- 2 grandes dates (facultatif)
- 1 cuillère à café d'extrait ou de pâte de vanille (facultatif)
- ⅛ cuillère à café d'extrait d'amande (facultatif)
- Pincée de sel marin
- Fruit de moine pur ou édulcorant préféré au goût

a) Faites chauffer 2 tasses d'eau jusqu'à ce qu'elle soit très chaude.
b) Pendant que l'eau chauffe, ajoutez le reste des ingrédients dans votre mixeur.
c) Lorsque l'eau est chaude, versez-la sur les ingrédients du mixeur. Laissez reposer 5 minutes.
d) Mélangez le tout pendant environ une minute.
e) Tapisser un grand bol d'une étamine ou d'un sac de noix/jus pour y verser le mélange et presser le liquide.
f) Ajustez la douceur et la saveur de vanille selon votre goût.
g) Ajoutez plus d'eau pour obtenir une consistance de « lait », ou utilisez tel quel pour une crème à café. Se conserve plusieurs jours au réfrigérateur.

17. Tarte aux pommes Groupes

Donne : environ 8 portions

INGRÉDIENTS:
- 2 pommes hachées ou ½ tasse de compote de pommes
- 1 tasse de dattes molles et dénoyautées
- ¼ tasse de sirop d'érable
- ¼ tasse de beurre mou ou d'huile de coco
- 2 cuillères à café d'extrait de vanille
- 3 tasses de mélange de muesli
- 1 cuillère à café de fruit de moine pur ou de stevia (si vous utilisez du liquide, ajoutez-le au robot culinaire)
- 1 cuillère à soupe de cannelle
- ½ cuillère à café de piment de la Jamaïque
- ½ cuillère à café de sel marin

INSTRUCTIONS:
a) Préchauffer le four à 300°F et tapisser une plaque à pâtisserie de papier parchemin.
b) Mélangez les pommes, les dattes, le sirop d'érable, le beurre ou l'huile de coco et la vanille jusqu'à obtenir un mélange presque lisse. J'aime laisser quelques morceaux de pommes et de dattes non mélangées.
c) Mettez le muesli dans un grand bol et incorporez l'édulcorant et les épices.
d) Ajoutez le contenu du robot culinaire aux ingrédients secs et utilisez vos mains pour bien mélanger.
e) Étaler uniformément sur la plaque à pâtisserie et cuire au four pendant environ une heure, en utilisant une spatule pour retourner et déplacer ou briser les morceaux selon les besoins, environ 3 à 4 fois.
f) Éteignez le four, ouvrez la porte et laissez refroidir jusqu'à ce qu'il soit croustillant.
g) Conserver dans un contenant hermétique pendant plusieurs semaines.

18. Muesli

Donne : 12 à 16 portions

INGRÉDIENTS:
- 2 tasses de noix de coco râpée
- ⅔ tasse de farine de graines de chia
- ⅔ tasse de chanvre ou autre graine préférée
- ⅔ tasse de fibres de pomme (facultatif), voir Ressources (page 296)
- ⅓ tasse de farine de noix de coco
- ¼ tasse de cannelle
- 1 cuillère à café de fruit de moine pur
- 1 cuillère à café de sel marin
- 2 tasses de noix hachées
- 2 tasses de pacanes, macadamias, noix de cajou ou noix du Brésil hachées

INSTRUCTIONS:
a) Mélangez la noix de coco râpée, le chia moulu, les graines, les fibres de pomme, la farine de noix de coco, la cannelle, l'édulcorant et le sel dans un grand bol.
b) Mélangez les noix dans un robot culinaire jusqu'à ce qu'elles soient hachées.
c) Incorporer les noix dans le bol jusqu'à ce que tout soit mélangé.

CONFITURES

19. Abricot/Pêche/Ananas

INGRÉDIENTS :

- 12 onces (environ 2 tasses) de pêches fraîches ou préalablement congelées et décongelées, tranchées ou ½ ananas
- 10 onces d'abricots secs
- 3 à 4 cuillères à soupe de miel (de préférence Manuka)
- 2 cuillères à soupe de jus de citron frais
- 1 cuillère à café de poudre de fruit de moine pur ou de stevia
- ½ cuillère à café d'extrait de vanille et d'amande
- Une pincée de sel marin

INSTRUCTIONS :

a) Ajoutez le tout dans votre mixeur et mixez jusqu'à consistance lisse.
b) Transférer dans des bocaux ou des récipients et réfrigérer ou congeler (j'en réfrigère généralement un et en congèle un).
c) Astuce : Pour faire du Cuir de Fruits, étalez la confiture finement sur une plaque à pâtisserie et déshydratez à 200 °F pendant quelques heures.

20. Fraise/Cerise

INGRÉDIENTS:
- 1 livre de fraises fraîches ou préalablement surgelées
- 6 onces (ou environ 1¼ tasse) de framboises (facultatif)
- 2 tasses de cerises séchées
- 2 à 4 cuillères à soupe de miel ou de sirop au choix
- 2 cuillères à soupe de jus de citron frais
- ½ à 1 cuillère à café de fruit de moine pur ou de stévia
- ½ cuillère à café d'extrait d'amande (facultatif)
- ⅛ sel de mer

INSTRUCTIONS:

a) Ajoutez le tout dans votre robot culinaire et mélangez plusieurs fois jusqu'à obtenir la consistance souhaitée. Ou ajoutez la moitié des fraises et mélangez doucement, puis incorporez le reste des ingrédients.

b) Transférer dans des bocaux ou des récipients et réfrigérer ou congeler (j'en réfrigère généralement un et en congèle un).

21. Myrtille/Prune

INGRÉDIENTS:
- 1 livre de myrtilles fraîches ou préalablement congelées
- 1 tasse de prunes séchées (vous pouvez les appeler pruneaux)
- 2 à 4 cuillères à soupe de miel ou de sirop au choix
- 2 cuillères à soupe de jus de citron frais
- ½ à 1 cuillère à café de fruit de moine pur ou de stévia
- ½ cuillère à café de vanille (facultatif)
- ⅛ sel de mer

INSTRUCTIONS:

a) Ajoutez le tout dans votre robot culinaire et mélangez plusieurs fois jusqu'à obtenir la consistance souhaitée. Ou ajoutez la moitié des fraises et mélangez doucement, puis incorporez le reste des ingrédients.

b) Transférer dans des bocaux ou des récipients et réfrigérer ou congeler (j'en réfrigère généralement un et en congèle un).

22. Compote de pommes crue

INGRÉDIENTS:
- 6 grosses pommes (avec la peau, c'est bien)
- 1 banane juste mûre
- 2 à 4 dattes, ramollies dans de l'eau ou du miel/stevia au goût
- 1 cuillère à soupe de jus de citron
- ¼ cuillère à café de cannelle (facultatif, ou plus au goût)
- Une pincée de piment de la Jamaïque (facultatif)

INSTRUCTIONS:

a) Passer au robot culinaire jusqu'à consistance lisse.

b) Astuce : Ajoutez ½ tasse de canneberges pour les vacances d'hiver, des fraises pour la Saint-Valentin ou d'autres fruits juste pour changer de temps en temps.

23. Chutney de fruits acidulé (fermenté)

INGRÉDIENTS:
- 3 à 4 pommes, pêches pelées et hachées ou ½ ananas haché
- ½ tasse chacun d'abricots secs hachés, de pruneaux, de raisins secs jaunes, de canneberges, de cerises et de pacanes
- 1 poireau tranché
- Jus de deux citrons
- ¼ tasse de lactosérum, égoutté du yaourt ou du kéfir d'eau ou du kombucha (assure une bonne fermentation)
- 2 cuillères à café de sel marin
- 1 cuillère à café de cannelle
- ⅛ cuillère à café de flocons de piment rouge
- Eau ou eau de coco pour couvrir

INSTRUCTIONS:

a) Dans un grand bol, mélanger tous les ingrédients, sauf l'eau.

b) Emballez dans des bocaux en verre propres, en laissant un pouce ou deux d'espace au sommet.

c) Couvrir et laisser reposer à température ambiante pendant 2 à 3 jours.

d) Conserver au réfrigérateur jusqu'à un mois ou congeler.

24. Sauce aux cerises et aux canneberges

Donne : 4 tasses de sauce

INGRÉDIENTS:
- 1 jus d'orange à peau fine, comme Valencia, haché et épépiné
- 2 tasses de canneberges séchées
- 2 tasses de cerises fraîches dénoyautées (préalablement congelées, c'est très bien)
- 1 cuillère à café de fruit de moine pur ou de stevia
- 1 cuillère à café de cannelle moulue
- ½ à ⅔ cuillère à café de sel marin
- ¼ cuillère à café de poivre noir moulu
- ¼ cuillère à café de coriandre moulue
- Une pincée de clous de girofle
- ¼ tasse de porto ou de jus de cerise
- ⅓ tasse de raisins noirs (facultatif)
- ⅓ tasse de pacanes (facultatif)

INSTRUCTIONS:

a) Ajoutez l'orange dans votre robot culinaire et coupez-la en petits morceaux.

b) Ajouter le reste des ingrédients, à l'exception du vin, des raisins secs et des pacanes, et mélanger jusqu'à obtenir une sauce épaisse.

c) Incorporez le vin, les raisins secs et les noix de pécan, et ajoutez un peu d'eau pour diluer si vous le souhaitez.

COLLATIONS

25. Crackers salés au beurre

Donne : 1 plaque à biscuits (17 x 12 pouces)

INGRÉDIENTS:
- 10 onces de patate douce blanche ou jaune
- 1¾ tasse d'amande, de noix de cajou ou de noix de macadamia (ou 2 tasses de farine de noix)
- ½ tasse de beurre
- 1 cuillère à soupe de gélatine
- 1½ cuillères à café de sel marin
- Oeuf à badigeonner

INSTRUCTIONS:

a) Préchauffer le four à 350°F.

b) Badigeonner deux plaques à pâtisserie ou deux feuilles de papier sulfurisé de beurre, de ghee ou d'huile.

c) Equipé de la lame S, réduisez la patate douce en purée très fine dans votre robot culinaire.

d) Ajouter le reste des ingrédients (sauf l'œuf) et réduire en purée jusqu'à consistance lisse et pâteuse.

e) Divisez la pâte en deux et roulez ou pressez chaque moitié à un centimètre entre les deux feuilles de papier. Prenez votre temps pour le rouler uniformément.

f) Retirez la couche supérieure de papier et utilisez un emporte-pièce ou une spatule pour découper des carrés ou des rectangles. Si le papier du dessus colle, transférez simplement la pâte avec le papier sur une plaque à pâtisserie et faites cuire avec le papier pendant environ 8 minutes, puis coupez-la en carrés.

g) Retirez les bords dorés et percez un motif dessus avec une fourchette.

h) Fouettez l'œuf avec une fourchette jusqu'à ce qu'il soit mousseux, badigeonnez-le sur les craquelins et saupoudrez de sel marin supplémentaire.

i) Remettez au four et poursuivez la cuisson jusqu'à ce qu'ils commencent à dorer.

j) Éteignez le four, ouvrez la porte et laissez reposer environ 30 minutes jusqu'à ce que les crackers deviennent croustillants.

k) conserver dans une caisse hermétiquement fermée.

l) Si les craquelins ramollissent avec le temps, repassez-les au four à 300 °F pendant environ 5 à 7 minutes.

26. Crackers aux graines de légumes

Donne : 18 à 24 craquelins
INGRÉDIENTS:
- 1 courgette moyenne/petite (environ 6 à 7 onces)
- ¼ tasse d'oignon haché
- ¼ tasse de poivron rouge haché
- 1½ tasse de graines de citrouille, crues ou légèrement grillées
- ¼ tasse de graines de chia
- 2 gousses d'ail hachées
- 1 brin d'estragon frais ou de feuilles de romarin, ou votre herbe préférée
- 1 cuillère à soupe d'huile d'olive
- 1 cuillère à café de sel marin
- ½ cuillère à café de poivre noir
- Sel de mer bien sûr pour saupoudrer

INSTRUCTIONS:
a)   Préchauffer le four à 325°F et graisser une plaque à pâtisserie tapissée d'huile d'olive.
b)   Traitez les légumes jusqu'à ce qu'ils soient finement hachés.
c)   Réservez ½ tasse de graines de citrouille. Ajoutez le reste des ingrédients et mélangez brièvement pour que les graines soient un peu hachées.
d)   Ajoutez le reste des graines de citrouille et mélangez 2 à 3 fois.
e)   Utilisez une petite cuillère à crème glacée ou déposez-en des cuillères à soupe sur la plaque à pâtisserie préparée comme vous le feriez pour déposer de la pâte à biscuits.
f)   Utilisez un verre à fond plat pour presser chaque monticule en un fin craquelin, en trempant le fond dans l'eau après chaque pression et saupoudrez de plus de sel marin, si vous le souhaitez.
g)   Cuire au four pendant 12 à 15 minutes.
h)   Retirez du four et utilisez une spatule pour retourner délicatement chaque cracker, remettez au four et faites cuire encore 12 à 15 minutes ou jusqu'à ce que les bords commencent à dorer.
i)   Éteignez le four et retirez tous les craquelins qui sont visiblement dorés et croustillants.
j)   Ouvrez la porte et laissez reposer les crackers restants jusqu'à ce qu'ils soient tous croustillants.
k)   conserver dans une caisse hermétiquement fermée. Ceux-ci sont également congelables !

27. Beignets paléo au cidre de pomme

Fait du: 12 MINI-BEIGNES

INGRÉDIENTS:
BEIGNETS PALÉO
- 1/2 cuillère à café de cannelle
- 1/2 cuillère à café de bicarbonate de soude
- 1/8 cuillère à café de sel marin
- 2 oeufs
- quelques gouttes de stevia liquide
- 1/2 tasse de farine de noix de coco
- 2 cuillères à soupe d'huile d'amande
- 1/2 tasse de cidre de pomme chaud
- 2 cuillères à soupe de ghee, fondu – pour l'enrobage

SUCRE À LA CANNELLE
- 1/2 tasse de sucre de coco granulé
- 1 cuillère à soupe de cannelle

INSTRUCTIONS:
a)   Préchauffez la machine à beignets.
b)   Mélangez la farine de noix de coco, le bicarbonate de soude, la cannelle et le sel.
c)   Fouetter les œufs, l'huile et la stevia dans un autre bol.
d)   Incorporer les ingrédients secs aux ingrédients humides avec le Cidre .
e)   Versez la pâte à beignets dans la machine à beignets.
f)   Cuire 3 minutes.
g)   Beignez les beignets de pointe avec du ghee/beurre/huile d'amande fondu .
h)   Mélanger les beignets avec le mélange cannelle/sucre de coco .

28. Coupes de noix de cajou matcha

INGRÉDIENTS:
- ⅔ tasse de beurre de cacao
- 3/4 tasse de cacao en poudre
- ⅓ tasse de sirop d'érable
- ½ tasse de beurre de cajou
- 2 cuillères à café de poudre de matcha
- Sel de mer

INSTRUCTIONS:
a) Remplissez une petite casserole avec ⅓ tasse d'eau et placez un bol dessus, couvrant la casserole. Une fois le bol chaud, faites fondre le beurre de cacao à l'intérieur du bol. Une fois fondu, retirez du feu et incorporez le sirop d'érable et la poudre de cacao pendant quelques minutes jusqu'à ce que le chocolat épaississe.
b) À l'aide d'un support à cupcakes de taille moyenne, remplissez la couche inférieure avec une généreuse cuillère à soupe du mélange de chocolat.
c) Congeler pendant 15 minutes pour prendre.
d) Sortez le chocolat congelé du congélateur et déposez 1 cuillère à soupe de pâte au matcha/beurre de cajou sur la couche de chocolat congelé.
e) Saupoudrez de sel marin et laissez reposer au congélateur pendant 15 minutes.

29. Barres bombes grasses à l'érable et aux pacanes

Donne : 12

INGRÉDIENTS:
- 2 tasses de moitiés de noix de pécan
- 1 tasse de farine d'amande
- ½ tasse de farine de graines de lin dorées
- ½ tasse de noix de coco râpée non sucrée
- ½ tasse d'huile de noix de coco
- ¼ tasse de sirop d'érable
- ¼ cuillères à café de Stevia liquide

INSTRUCTIONS:

a) Préchauffer le four à 350°F et cuire les moitiés de pélican pendant 5 minutes.

b) Sortez les noix de pécan du four et placez-les dans un sac en plastique. Écrasez-les avec un rouleau à pâtisserie pour obtenir des morceaux.

Dans un bol à mélanger, mélanger les ingrédients secs Farine d'amande, Farine de graines de lin dorées et Noix de coco râpée et les pacanes écrasées.

Ajoutez le sirop d'érable à l'huile de noix de coco et la stévia liquide. Mélanger tous les ingrédients dans un grand bol jusqu'à obtenir une pâte friable.

c) Placez la pâte dans une cocotte et tassez-la.

d) Cuire au four 15 minutes à 350F ou jusqu'à ce que les côtés soient légèrement dorés.

e) À l'aide d'une spatule, coupez en 12 tranches et servez.

30. Apéritifs de chou-fleur

Donne : 8

INGRÉDIENTS:
- 14 onces de fleurons de chou-fleur , hachés
- 3 tiges moyennes d'oignon nouveau
- 3 onces de cheddar blanc râpé
- ½ tasse de farine d'amande
- ½ cuillères à café de sel
- 3/4 cuillères à café de poivre
- ½ cuillères à café de flocons de piment rouge
- ½ cuillères à café d'estragon séché
- ¼ cuillères à café de poudre d'ail
- 3 cuillères à soupe d'huile d'olive
- 2 cuillères à café de graines de chia

INSTRUCTIONS:
a) Préchauffer le four à 400 degrés Fahrenheit.
b) Dans un sac en plastique, mélanger les fleurons de chou-fleur, l'huile d'olive, le sel et le poivre. Secouez vigoureusement jusqu'à ce que le chou-fleur soit uniformément enrobé.
c) Versez les fleurons de chou-fleur sur une plaque à pâtisserie tapissée de papier d'aluminium. Cuire ensuite au four 5 minutes.
d) Ajoutez le chou-fleur rôti dans un robot culinaire et mélangez plusieurs fois pour le briser.
e) Dans un bol à mélanger, mélanger tous les ingrédients (farine d'amande) jusqu'à ce qu'un mélange collant se forme.
f) Préparez des galettes avec le mélange de chou-fleur et enrobez-les de farine d'amande.
g) Cuire au four à 400 °F pendant 15 minutes ou jusqu'à ce que l'extérieur soit plus croustillant.
h) Sortir du four, laisser refroidir un peu avant de servir !

31. Toasts de patates douces

INGRÉDIENTS:
- 2 grosses patates douces, coupées en tranches.
- Tranches de ¼ de pouce d'épaisseur.
- 1 cuillère à soupe d'huile d'avocat.
- 1 cuillère à café de sel ½ tasse de guacamole.
- ½ tasse de toms , tranchés.

INSTRUCTIONS:
a) Préchauffez votre four à 425° F.
b) Couvrir une plaque à pâtisserie de papier sulfurisé.
c) Frottez les tranches de pommes de terre avec de l'huile et du sel et placez-les sur une plaque à pâtisserie. Cuire 5 minutes au four, puis retourner et cuire à nouveau 5 minutes.
d) Garnir les tranches cuites au four de guacamole et de tomates.

32. de fruits au bourbon

Donne 2 portions

INGRÉDIENTS:
- ½ tasse de boules de melon
- ½ tasse de fraises coupées en deux
- 1 cuillère à soupe de bourbon
- 1 cuillère à soupe de sucre
- ½ sachet d'édulcorant à l'aspartame
- Brins de menthe fraîche pour la décoration

INSTRUCTIONS:
a) Mélangez les boules de melon et les fraises dans un plat en verre.
b) Mélanger avec le bourbon, le sucre et l'aspartame.
c) Couvrir et réfrigérer jusqu'au moment de servir. Répartissez les fruits dans des assiettes à dessert et décorez de feuilles de menthe.

PLAT DE VIANDE

33. Mélange de bœuf et champignons balsamique

Donne : 4

INGRÉDIENTS:
- 2 livres de bœuf, coupé en lanières
- ¼ tasse de vinaigre balsamique
- 2 tasses de bouillon de bœuf
- 1 cuillère à soupe de gingembre, râpé
- Jus de ½ citron
- 1 tasse de champignons bruns, tranchés
- Pincée de sel et de poivre noir
- 1 cuillère à café de cannelle moulue

INSTRUCTIONS:
a) Dans votre mijoteuse, mélangez tous les ingrédients, couvrez et laissez cuire à feu doux pendant 8 heures.
b) Répartissez le tout dans les assiettes et servez.

34. Mélange de porc à l'origan

Donne : 4

INGRÉDIENTS:
- 2 livres de rôti de porc
- 7 onces de pâte de tomate
- 1 oignon jaune, haché
- 1 tasse de bouillon de bœuf
- 2 cuillères à soupe de cumin moulu
- 2 cuillères à soupe d'huile d'olive
- 2 cuillères à soupe d'origan frais, haché
- 1 cuillère à soupe d'ail, émincé
- ½ tasse de thym frais, haché

INSTRUCTIONS:
a) Faites chauffer une sauteuse avec l'huile à feu moyen-vif, ajoutez le rôti, faites-le revenir 3 minutes des deux côtés puis transférez-le dans votre mijoteuse.
b) Ajoutez le reste des ingrédients, mélangez un peu, couvrez et laissez cuire à feu doux pendant 7 heures.
c) Tranchez le rôti, répartissez-le dans les assiettes et servez.

35. Rôti de bœuf simple

Donne : 10

INGRÉDIENTS:
- 5 livres de rôti de bœuf
- 2 cuillères à soupe d'assaisonnement italien
- 1 tasse de bouillon de bœuf
- 1 cuillère à soupe de paprika doux
- 3 cuillères à soupe d'huile d'olive

INSTRUCTIONS:
a) Dans votre mijoteuse, mélangez tous les ingrédients, couvrez et laissez cuire à feu doux pendant 8 heures.
b) Découpez le rôti, répartissez-le dans les assiettes et servez.

36. Chili de porc et poivrons

Donne : 4

INGRÉDIENTS:
- 1 oignon rouge, haché
- 2 livres de porc, haché
- 4 gousses d'ail, hachées
- 2 poivrons rouges, hachés
- 1 branche de céleri, hachée
- 25 onces de tomates fraîches, pelées et écrasées
- ¼ tasse de piments verts, hachés
- 2 cuillères à soupe d'origan frais, haché
- 2 cuillères à soupe de poudre de chili
- Pincée de sel et de poivre noir
- Un filet d'huile d'olive

INSTRUCTIONS:
a) Faites chauffer une sauteuse avec l'huile à feu moyen-vif et ajoutez l'oignon, l'ail et la viande. Mélangez et faites dorer pendant 5 minutes puis transférez dans votre mijoteuse.
b) Ajoutez le reste des ingrédients, mélangez, couvrez et laissez cuire à feu doux pendant 8 heures.
c) Répartissez le tout dans des bols et servez.

37. Purée de patates douces et bacon

Donne : 4

INGRÉDIENTS:
- 3 patates douces, pelées
- 4 onces de bacon, haché
- 1 tasse de bouillon de poulet
- 1 cuillère à soupe de beurre
- 1 cuillère à café de sel
- 2 onces de parmesan, râpé

INSTRUCTIONS:
a) Coupez la patate douce en dés et mettez-la dans la poêle.
b) Ajoutez le bouillon de poulet et fermez le couvercle.
c) Faire bouillir les légumes jusqu'à ce qu'ils soient tendres.
d) Après cela, égouttez le bouillon de poulet.
e) Écrasez la patate douce à l'aide du presse-purée. Ajouter le fromage râpé et le beurre.
f) Mélangez le sel et le bacon haché. Faites frire le mélange jusqu'à ce qu'il soit croustillant (10-15 minutes).
g) Ajoutez le bacon cuit à la purée de patate douce et mélangez à l'aide de la cuillère.
h) Il est recommandé de servir le repas tiède ou chaud.

38. Boules de mozzarella enveloppées de prosciutto

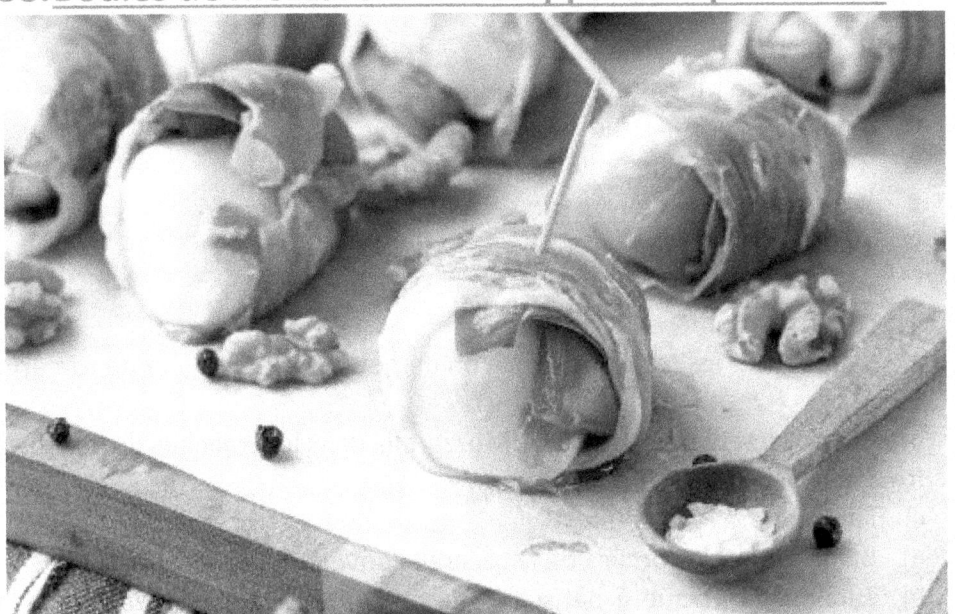

Donne : 4

INGRÉDIENTS:
- 8 boules de Mozzarella, grosseur d'une cerise
- 4 onces de bacon, tranché
- ¼ cuillère à café de poivre noir moulu
- ¾ cuillère à café de romarin séché
- 1 cuillère à café de beurre (⅛ de graisse saine)

INSTRUCTIONS:
a) Saupoudrer les tranches de bacon de poivre noir moulu et de romarin séché.
b) Enveloppez chaque boule de Mozzarella dans les tranches de bacon et fixez-les avec des cure-dents.
c) Faire fondre le beurre.
d) Badigeonner les boules de Mozzarella enveloppées de beurre.
e) Tapisser la plaque à pâtisserie de papier sulfurisé et y disposer les boules de Mozzarella.
f) Cuire le repas pendant 10 minutes à 365F.

39. Boulettes de viande d'agneau au boulgour

Donne : 6

INGRÉDIENTS:
- 1 et ½ tasse de yaourt grec
- ½ cuillère à café de cumin moulu
- 1 tasse de concombre, râpé
- ½ cuillère à café d'ail, émincé
- Pincée de sel et de poivre noir
- 1 tasse de boulgour
- 2 tasses d'eau
- 1 livre d'agneau, haché
- ¼ tasse de persil, haché
- ¼ tasse d'échalotes, hachées
- ½ cuillère à café de piment de la Jamaïque, moulu
- ½ cuillère à café de cannelle en poudre
- 1 cuillère à soupe d'huile d'olive

INSTRUCTIONS:
a) Mélangez le boulgour avec l'eau dans un bol, couvrez le bol, laissez reposer 10 minutes, égouttez et transférez dans un bol.
b) Ajouter la viande, le yaourt et le reste des ingrédients sauf l'huile, bien mélanger et façonner des boulettes de viande moyennes avec ce mélange.
c) Préchauffez l'huile dans une poêle à feu moyen-vif, ajoutez les boulettes de viande, faites-les cuire 7 minutes de chaque côté, disposez-les sur une assiette et servez en entrée.

40. Houmous à l'agneau haché

Donne : 8

INGRÉDIENTS :
- 10 onces de houmous
- 12 onces de viande d'agneau, hachée
- ½ tasse de graines de grenade
- ¼ tasse de persil, haché
- 1 cuillère à soupe d'huile d'olive

INSTRUCTIONS :
a) Faites cuire l'huile dans une poêle à feu moyen-vif, ajoutez la viande et faites-la revenir pendant 15 minutes en remuant souvent.
b) Étalez le houmous sur une assiette, étalez l'agneau haché partout, étalez également les graines de grenade et le persil et servez avec des chips de pita en guise de collation.

41. Avocat farci à l'agneau

Donne : 4

INGRÉDIENTS:
- 2 avocats
- 1 ½ tasse d'agneau haché
- ½ tasse de fromage cheddar
- ½ tasse de parmesan, râpé
- 2 cuillères à soupe d'amandes hachées
- 1 cuillère à soupe de coriandre hachée
- 2 cuillères à soupe d'huile d'olive
- 1 tomate, hachée
- 1 piment jalapeno, haché
- Sel et poivre au goût
- 1 cuillère à café d'ail, haché
- 1 pouce de gingembre, haché

INSTRUCTIONS:
a) Coupez les avocats en deux. Retirez le noyau et prélevez un peu de chair pour la farcir plus tard.
b) Dans une poêle, ajoutez la moitié de l'huile.
c) Mélanger le gingembre et l'ail pendant 1 minute.
d) Ajoutez l'agneau et mélangez pendant 3 minutes.
e) Ajouter la tomate, la coriandre, le parmesan, le jalapeno, le sel, le poivre et cuire 2 minutes.
f) Retirez du feu. Farcissez les avocats.
g) Saupoudrer les amandes, le cheddar et ajouter l'huile d'olive par-dessus.
h) Ajouter sur une plaque à pâtisserie et cuire au four pendant 30 minutes. Servir.

42. Courgettes de bœuf au four

Donne : 4

INGRÉDIENTS:
- 2 grosses courgettes
- 1 tasse de bœuf haché
- 1 tasse de champignons, hachés
- 1 tomate, hachée
- ½ tasse d'épinards, hachés
- 1 cuillère à soupe de ciboulette hachée
- 2 cuillères à soupe d'huile d'olive
- Sel et poivre au goût
- 1 cuillère à soupe de beurre d'amande
- 1 cuillère à café de poudre d'ail
- 1 tasse de fromage cheddar, râpé
- ⅓ cuillère à café de gingembre en poudre

INSTRUCTIONS:
a) Préchauffer le four à 400 degrés F.
b) Ajouter du papier d'aluminium sur une plaque à pâtisserie.
c) Coupez les courgettes en deux. Retirez les graines et faites des poches pour les farcir plus tard.
d) Dans une poêle, ajoutez l'huile d'olive.
e) Mélanger le bœuf jusqu'à ce qu'il soit doré.
f) Ajoutez les champignons, la tomate, la ciboulette, le sel, le poivre, l'ail, le gingembre et les épinards.
g) Cuire 2 minutes. Retirez du feu.
h) Farcir les courgettes avec ce mélange.
i) Ajoutez-les sur la plaque à pâtisserie. Saupoudrer le fromage dessus.
j) Ajoutez le beurre par dessus. Cuire au four pendant 30 minutes. Servir chaud.

43. Steak au cumin et au citron vert

Donne : 4

INGRÉDIENTS:
- 20 Une fois. Steak avec faux-filet maigre
- 6 dessus de brocoli
- ½ tasse de bouillon de bœuf
- ¼ cuillère à soupe de jus de citron vert
- 1 ½ cuillerée de cumin moulu
- 1 ½ cuillerée de coriandre moulue
- 2 grosses gousses d'ail finement hachées
- 3 livres d'huile d'olive

INSTRUCTIONS:
a) Mélangez tous les ingrédients de la marinade (sauf l'huile) dans un mixeur.
b) Ajoutez de l'huile dans un mélangeur avec le moteur fonctionnant lentement.
c) Réfrigérer et couvrir jusqu'au moment de l'utiliser. Versez 1 tasse de marinade sur les steaks dans un plat en verre, en les couvrant de tous les côtés.
d) Couvrir et laisser refroidir 6 heures (ou toute la nuit).
e) Griller sur des charbons de taille moyenne, en les retournant régulièrement et en les nettoyant avec ½ tasse de marinade restante.
f) Cuire le brocoli à la vapeur à côté et servir.

44. Chou vert braisé à la sauce aux arachides

Donne : 4

INGRÉDIENTS:
- 2 tasses de bouillon de poulet
- 12 tasses de chou vert haché
- 5 cuillères à soupe de beurre de cacahuète en poudre
- 3 gousses d'ail écrasées
- 1 cuillère à café de sel
- ½ cuillère à café de piment de la Jamaïque
- ½ cuillère à café de poivre noir
- 2 cuillères à café de jus de citron
- ¾ cuillère à café de sauce piquante
- 1 ½ livre de filet de porc

INSTRUCTIONS:
a) Procurez-vous une casserole avec un couvercle hermétique et mélangez le chou avec l'ail, le bouillon de poulet, la sauce piquante et la moitié du poivre et du sel.
b) Cuire à feu doux pendant 60 minutes.
c) Une fois que le chou est tendre, incorporez le jus de citron au piment de la Jamaïque.
d) Et du beurre de cacahuète en poudre.
e) Garder au chaud.
f) Assaisonnez le filet de porc avec le reste du poivre et du sel, et faites-le griller au four grille-pain pendant 10 minutes lorsque la température interne est de 145F.
g) Assurez-vous de retourner le filet toutes les 2 minutes pour obtenir un brunissement uniforme partout.
h) Après cela, vous pouvez sortir le porc du four et le laisser reposer environ 5 minutes.
i) Tranchez le porc à votre guise et servez-le sur les légumes braisés.

45. Quesadilla au chipotle et au cheddar riche en protéines

Donne : 4

INGRÉDIENTS:
- Tortillas
- 2 tasses de fromage cottage
- 2 tasses de fromage cheddar
- 1 poivron
- 1 tasse de champignons portobello
- 2-3 cuillères à soupe d'assaisonnement Chipotle
- Salsa douce, pour tremper

INSTRUCTIONS:
a) Ajouter le poivron (tranché, rouge) et les champignons (tranchés) dans une grande poêle à griller à feu moyen.
b) Cuire environ 10 minutes jusqu'à ce qu'ils soient tendres. Retirer puis transférer dans un bol (moyen). Mettre de côté.
c) Ajouter l'assaisonnement chipotle et le fromage cottage dans un petit bol. Bien mélanger pour incorporer.
d) Placez les tortillas sur la lèchefrite et versez le mélange de légumes sur les tortillas.
e) Saupoudrer le mélange de fromage cottage sur le dessus, puis compléter avec le fromage cheddar (râpé).
f) Placez une tortilla supplémentaire sur la garniture.
g) Cuire environ 2 minutes, puis retourner et poursuivre la cuisson encore une minute.
h) Répétez le processus avec le reste des tortillas et la garniture.
i) Servir immédiatement avec la salsa (douce).

46. Casserole de boulettes de viande au bœuf et au poulet

Donne : 7

INGRÉDIENTS:
- 1 aubergine
- 10 onces de poulet haché
- 8 onces de bœuf haché
- 1 cuillère à café d'ail émincé
- 1 cuillère à café de poivre blanc moulu
- 1 tomate
- 1 oeuf
- 1 cuillère à soupe de farine de noix de coco
- 8 onces de parmesan, râpé
- 2 cuillères à soupe de beurre
- ⅓ tasse de crème

INSTRUCTIONS:
a) Mélangez le poulet haché et le bœuf haché dans un grand bol.
b) Ajoutez l'ail émincé et le poivre blanc moulu.
c) Dans le bol, cassez l'œuf avec le mélange de viande hachée et remuez soigneusement jusqu'à ce que le tout soit bien mélangé.
d) Ajoutez ensuite la farine de coco et mélangez.
e) Faites de petites boulettes de viande avec la viande hachée.
f) Préchauffer la friteuse à air à 360 F.
g) Saupoudrer le panier de la friteuse avec le beurre et verser la crème.
h) Épluchez l'aubergine et hachez-la.
i) Disposez les boulettes de viande sur la crème et saupoudrez-les d'aubergines hachées.
j) Tranchez la tomate et placez-la sur l'aubergine.
k) Faites une couche de fromage râpé sur les tranches de tomate.
l) Mettez la cocotte dans la friteuse et faites-la cuire pendant 21 minutes.
m) Laissez la cocotte refroidir à température ambiante avant de servir.

47. Pommes de terre rôties au citron

Donne : 5

INGRÉDIENTS:
- 3 tasses de bouillon de poulet
- ½ cuillère à café de poivre noir moulu
- 1 cuillère à café d'origan
- 2 cuillères à café de sel
- 2 citrons, le jus doit être extrait
- ⅓ tasse d'huile d'olive
- 3 livres de pommes de terre, doivent être pelées et coupées en quartiers

INSTRUCTIONS:
a) Préchauffez votre four à 400F
b) Prenez un grand bol et mettez tous les quartiers de pommes de terre. Vaporisez du jus de citron et de l'huile d'olive sur les quartiers et mélangez-les pour bien les enrober. Assaisonnez ensuite les pommes de terre avec du poivre noir, de l'origan et du sel et mélangez à nouveau pour obtenir une couche.
c) Prenez une poêle de 2 pouces de profondeur et étalez les quartiers de pommes de terre à l'intérieur sur une seule rangée. Ensuite, versez le bouillon de poulet sur les pommes de terre.
d) Rôtir les pommes de terre dans le four déjà préchauffé jusqu'à ce qu'elles deviennent dorées et tendres en 1 heure environ.

48. Poulet au four à l'italienne

Donne : 6

INGRÉDIENTS :
- ¼ tasse de parmesan
- ½ tasse de yaourt grec nature faible en gras
- 4 cuillères à soupe de fromage à la crème
- 1 tasse de sauce tomate faible en glucides
- ½ cuillère à café d'assaisonnement italien
- ½ cuillère à café de poudre d'ail
- 10 onces de poulet râpé

INSTRUCTIONS :
a) Préchauffez votre four à 350F
b) Procurez-vous une cocotte en verre graissée et placez-y le poulet déjà émincé.
c) Mélanger tous les ingrédients restants sauf le parmesan
d) Versez le mélange de sauce tomate que vous avez sur le poulet
e) Puis garnir de parmesan
f) Cuire au four pendant 25 à 30 minutes ou jusqu'à ce que les cocottes commencent à faire des bulles.

49. Tacos au poulet croquant maigre et vert

Donne : 4

INGRÉDIENTS:
- ½ tasse de bouillon de poulet faible en sodium
- 2 poitrines de poulet, hachées
- 1 gousse d'ail, hachée
- 3 tomates italiennes, hachées
- 1 cuillère à café de poudre de cumin
- 1 cuillère à café de cannelle en poudre
- 1 cuillère à café de coriandre moulue
- ½ piment rouge, haché
- 1 cuillère à soupe de jus de citron vert
- Viande d'1 avocat mûr
- 1 concombre

INSTRUCTIONS:
a) Mettez une cuillère à soupe de bouillon de poulet dans une poêle et faites chauffer à feu moyen. Faire revenir le poulet, l'ail et les tomates dans l'eau pendant 4 minutes ou jusqu'à ce que les tomates soient fanées.
b) Assaisonner de cumin, de cannelle et de coriandre. Réduisez le feu à doux et laissez cuire encore 5 minutes. Réserver et laisser refroidir.
c) Incorporer l'oignon, le piment, le jus de citron vert et la purée d'avocat. C'est la salsa.
d) Versez la salsa et garnissez de tranches de concombre. Garnir de poulet cuit.

50. au poulet et à la dinde

Donne : 9

INGRÉDIENTS:
- 3 cuillères à soupe de beurre
- 10 onces de dinde hachée
- 7 onces de poulet haché
- 1 cuillère à café d'aneth séché
- ½ cuillère à café de coriandre moulue
- 2 cuillères à soupe de farine d'amande
- 1 cuillère à soupe d'ail émincé
- 3 onces d'épinards frais
- 1 cuillère à café de sel
- 1 oeuf
- ½ cuillère à soupe de paprika
- 1 cuillère à café d'huile de sésame

INSTRUCTIONS:

a) Mettez la dinde hachée et le poulet haché dans un grand bol.

b) Saupoudrer la viande d'aneth séché, de coriandre moulue, de farine d'amande, d'ail émincé, de sel et de paprika.

c) Hachez ensuite les épinards frais et ajoutez-les au mélange de volaille hachée.

d) Cassez l'œuf dans le mélange de viande et mélangez bien jusqu'à obtenir une texture lisse.

e) Graisser le plateau du panier de la friteuse à air avec l'huile d'olive.

f) Préchauffer la friteuse à air à 350 F.

g) Roulez doucement le mélange de viande hachée pour former une couche plate.

h) Mettez le beurre au centre de la couche de viande.

i) Réalisez la forme du pain de viande à partir du mélange de viande hachée. Utilisez le bout de vos doigts pour cette étape.

j) Placez le pain de viande dans le panier du panier de la friteuse à air.

k) Cuire 25 minutes.

l) Lorsque le pain de viande est cuit, laissez-le reposer avant de servir.

51. Poulet au citron, à l'ail, à l'origan et aux asperges

Donne : 4

INGRÉDIENTS :
- 1 petit citron, jus
- 1 ¾ livre de cuisses de poulet avec os et sans peau
- 2 cuillères à soupe d'origan frais, émincé
- 2 gousses d'ail, hachées
- 2 livres. d'asperges, parées
- ¼ cuillère à café chacun ou moins pour le poivre noir et le sel

INSTRUCTIONS :
a) Préchauffer le four à environ 350°F.
b) Mettez le poulet dans un bol de taille moyenne. Maintenant, ajoutez l'ail, l'origan, le jus de citron, le poivre et le sel et mélangez.
c) Rôtir le poulet dans le four de la friteuse à air jusqu'à ce qu'il atteigne une température interne de 165 °F en 40 minutes environ. Une fois les cuisses de poulet cuites, retirez-les et réservez-les pour qu'elles reposent.
d) Maintenant, faites cuire les asperges à la vapeur sur une cuisinière ou au micro-ondes jusqu'à la cuisson désirée.
e) Servir les asperges avec les cuisses de poulet rôties.

52. Poppers au poulet et à la noix de coco

Donne : 6

INGRÉDIENTS:
- ½ tasse de farine de noix de coco
- 1 cuillère à café de flocons de piment
- 1 cuillère à café de poivre noir moulu
- 1 cuillère à café de poudre d'ail
- 11 onces de poitrine de poulet, désossée et sans peau
- 1 cuillère à soupe d'huile d'olive

INSTRUCTIONS:
a) Coupez la poitrine de poulet en gros cubes et mettez-les dans un grand bol.
b) Saupoudrez les cubes de poulet de flocons de piment, de poivre noir moulu et de poudre d'ail et remuez bien avec vos mains.
c) Après cela, saupoudrez les cubes de poulet de farine d'amande.
d) Secouez doucement le bol avec les cubes de poulet pour enrober la viande.
e) Préchauffer la friteuse à air à 365 F.
f) Graisser le plateau du panier de la friteuse à air avec l'huile d'olive.
g) Placez les cubes de poulet à l'intérieur.
h) Faites cuire les poppers de poulet pendant 10 minutes.
i) Retournez les poppers de poulet après 5 minutes de cuisson.
j) Laissez les poppers de poulet cuits refroidir avant de servir.

53. Pizza Margherita à la croûte de poulet

Donne : 2

INGRÉDIENTS:
- ¼ tasse de basilic haché
- 2 tomates italiennes, à trancher
- ½ tasse de sauce tomate sans sucre ajouté (comme Rao's Homemade)
- ½ cuillère à café d'assaisonnement italien
- 2 cuillères à soupe de parmesan râpé
- 1 oeuf
- ½ livre de poitrine de poulet hachée

INSTRUCTIONS:
a) Préchauffer le four à 400F.
b) Mélanger la poitrine de poulet hachée, l'œuf, le parmesan et l'assaisonnement italien dans un bol de taille moyenne. Ensuite, formez le mélange de poulet en une forme semblable à une croûte fine et circulaire sur une plaque à pâtisserie tapissée de papier sulfurisé mais légèrement graissée. Enfourner environ 20 minutes lorsqu'il doit être doré.
c) Garnir de tranches de tomates, de fromage et de sauce et cuire au four jusqu'à ce que le fromage fonde en 7 à 10 minutes environ.
d) Garnissez ensuite de basilic frais avant de servir.

54. Sauté de poulet

Donne : 4

INGRÉDIENTS:
- ½ tasse de bouillon de poulet, faible en sodium
- 12 onces de poitrines de poulet sans peau, coupées en lanières
- 1 tasse de poivron rouge, épépiné et haché
- 8 onces (1 tasse) de brocoli, coupé en fleurons
- 1 cuillère à café de poivron rouge broyé

INSTRUCTIONS:
a) Mettez une petite quantité de bouillon de poulet dans une casserole. Chauffer à feu moyen et incorporer le poulet.
b) Faire revenir le poulet à l'eau pendant au moins 5 minutes en remuant constamment.
c) Placez le reste des ingrédients et remuez.
d) Couvrir et cuire encore 5 minutes.

55. Shish kebabs au poulet des îles grecques

Donne : 6

INGRÉDIENTS:
- 12 flans moyens de champignons frais
- 12 tomates cerises
- 2 gros poivrons rouges ou verts, tranchés
- 2 livres de poitrine de poulet sans peau et désossée
- ¼ cuillère à café de poivre noir moulu
- ¼ cuillère à café de sel
- ½ cuillère à café de thym séché
- 1 cuillère à café d'origan séché
- 1 cuillère à café de cumin moulu
- 2 gousses d'ail, à émincer
- ¼ tasse de vinaigre blanc
- ¼ tasse de jus de citron
- ¼ tasse d'huile d'olive

INSTRUCTIONS:
a) Fouetter le poivre noir, le sel, le thym, l'origan, le cumin, l'ail, le vinaigre, le jus de citron et l'huile d'olive dans un grand bol ou un verre en céramique. Ajouter le poulet et mélanger pour obtenir une bonne couche.
b) Procurez-vous une pellicule plastique pour couvrir le bol et mettez-le au réfrigérateur pour mariner pendant au moins 2 heures.
c) Mettez les brochettes en bois dans l'eau et laissez-les tremper pendant environ 30 minutes avant de les utiliser.
d) Procurez-vous un gril extérieur, huilez légèrement la grille et préchauffez à feu moyen-vif.
e) Retirez le poulet de la marinade et retirez-en l'excès de liquide. Ensuite, versez le reste de la marinade. Ensuite, enfilez le poulet mariné avec les champignons, les tomates cerises, l'oignon et les poivrons sur les brochettes.
f) Posez ensuite les brochettes sur le grill déjà préchauffé et faites cuire, retournez le plus souvent possible jusqu'à ce qu'elles soient dorées sur toutes ses faces, attendez environ 10 minutes lorsque le poulet ne doit plus être rose en son centre.

56. Brochettes de poulet mexicaines

Donne : 4

INGRÉDIENTS:
- 10 tomates cerises
- 1 poivron rouge, doit être coupé en morceaux de 1 pouce
- 1 petite courgette, doit être coupée en tranches de ½ pouce
- 2 moitiés de poitrine, sans os ni peau
- Poivre noir et sel au goût
- 1 citron vert, doit être pressé
- 2 cuillères à soupe de coriandre fraîche hachée
- 1 cuillère à café de cumin moulu
- 2 cuillères à soupe d'huile d'olive

INSTRUCTIONS:

a) Prenez un plat peu profond et mélangez le jus de citron vert, la coriandre hachée, le cumin et l'huile d'olive à l'intérieur. Assaisonnez ensuite avec du poivre et du sel. Ajoutez le poulet et assurez-vous de bien le mélanger. Couvrir avec un couvercle pendant au moins 1 heure.

b) Laissez votre grill préchauffer à feu vif.

c) Enfiler les tomates, le poivron rouge, l'oignon, la courgette et le poulet sur des brochettes.

d) Badigeonnez le gril d'huile et disposez les brochettes sur la grille chaude. Laissez cuire environ 10 minutes jusqu'à ce que le poulet soit bien cuit. Il faut le retourner de temps en temps pour que tous ses côtés soient bien cuits.

57. Burgers de poulet d'été

Donne : 7

INGRÉDIENTS:
- 4 tranches de fromage provolone
- 4 cuillères à soupe de mayonnaise
- 4 rouleaux (blancs) de pains à hamburger
- Poivre et sel au goût
- 4 moitiés de poitrine désossées et sans peau, moitiés de poitrine de poulet désossées et sans peau
- 1 gros oignon Vidalia, à couper en rondelles
- 1 cuillère à soupe de beurre
- 1 cuillère à soupe de jus de citron
- 1 avocat mûr, doit être tranché

INSTRUCTIONS:
a) Prenez un petit bol et mélangez le jus de citron et les tranches d'avocat. Ajoutez de l'eau jusqu'à ce qu'elle les recouvre et mettez-les de côté. Procurez-vous un gril extérieur, appliquez une huile légère sur la grille et préchauffez à feu vif.

b) Mettez le beurre dans une grande poêle à fond épais et placez-le sur feu moyen-vif. Faire revenir les oignons jusqu'à ce qu'ils soient dorés et caramélisés, puis réserver.

c) Assaisonnez le poulet avec du poivre et du sel. Placez-le sur le gril et laissez-le cuire jusqu'à ce que les jus soient secs et qu'il ne soit plus rose, en utilisant environ 5 minutes de chaque côté. Placez les petits pains sur le gril jusqu'à ce qu'ils soient grillés.

d) Ensuite, tartinez les petits pains de mayonnaise au goût, puis recouvrez-les d'avocat, de provolone, d'oignon caramélisé et de poulet.

58. Crevettes à l'ail

Donne : 2

INGRÉDIENTS:
- 1 livre de crevettes
- ¼ cuillère à café de bicarbonate de soude
- 2 cuillères à soupe d'huile
- 2 cuillères à café d'ail émincé
- ¼ tasse de vermouth
- 2 cuillères à soupe de beurre non salé
- 1 cuillère à café de persil

INSTRUCTIONS:
a)   Dans un bol, mélanger les crevettes avec le bicarbonate de soude et le sel, laisser reposer quelques minutes
b)   Dans une poêle, faites chauffer l'huile d'olive et ajoutez les crevettes
c)   Ajouter l'ail, les flocons de piment rouge et cuire 1 à 2 minutes.
d)   Ajouter le vermouth et cuire encore 4 à 5 minutes
e)   Une fois prêt, retirez du feu et servez

59. Moules Marinières

Donne : 4

INGRÉDIENTS:
- 2 cuillères à soupe de beurre non salé
- 1 poireau
- 1 échalote
- 2 gousses d'ail
- 2 feuilles de laurier
- 1 tasse de vin blanc
- 2 livres de moules
- 2 cuillères à soupe de mayonnaise
- 1 cuillère à soupe de zeste de citron
- 2 cuillères à soupe de persil
- 1 pain au levain

INSTRUCTIONS:
a) Dans une casserole faire fondre le beurre, ajouter les poireaux, l'ail, le laurier, l'échalote et cuire jusqu'à ce que les légumes soient tendres
b) Porter à ébullition, ajouter les moules et cuire 1 à 2 minutes
c) Transférer les moules dans un bol et couvrir
d) Incorporer le reste du beurre avec la mayonnaise et remettre les moules dans la casserole.
e) Ajouter le jus de citron, le zeste de citron et le persil et mélanger.

60. Moules Vapeur au Curry-Coco

Donne : 4

INGRÉDIENTS:
- 6 brins de coriandre
- 2 gousses d'ail
- 2 échalotes
- ¼ cuillère à café de graines de coriandre
- ¼ cuillère à café de flocons de piment rouge
- 1 cuillère à café de zeste
- 1 boîte de lait de coco
- 1 cuillère à soupe d'huile végétale
- 1 cuillère à soupe de pâte de curry
- 1 cuillère à soupe de cassonade
- 1 cuillère à soupe de sauce de poisson
- 2 livres de moules

INSTRUCTIONS:
a) Dans un bol, mélanger le zeste de citron vert, les tiges de coriandre, l'échalote, l'ail, les graines de coriandre, le piment et le sel.
b) Dans une casserole, faites chauffer l'huile, ajoutez l'ail, les échalotes, la pâte pilée et la pâte de curry.
c) Cuire 3-4 minutes, ajouter le lait de coco, le sucre et la sauce de poisson
d) Portez à ébullition et ajoutez les moules
e) Incorporer le jus de citron vert, les feuilles de coriandre et cuire encore quelques minutes
f) Une fois prêt, retirez du feu et servez.

61. Casserole de nouilles au thon

Donne : 4

INGRÉDIENTS:
- 2 onces de nouilles aux œufs
- 4 onces fraîches
- 1 oeuf
- 1 cuillère à soupe de jus d'1 citron
- 1 boîte de thon
- ¼ tasse de persil

INSTRUCTIONS:
a) Mettre les nouilles dans une casserole avec de l'eau et porter à ébullition
b) Dans un bol mélanger l'oeuf, la crème fraîche et le jus de citron, bien fouetter
c) Lorsque les nouilles sont cuites, ajoutez le mélange de crème fraîche dans la poêle et mélangez bien.
d) Ajouter le thon, le persil, le jus de citron et bien mélanger
e) Une fois prêt, retirez du feu et servez.

62. Hamburgers au saumon

Donne : 4

INGRÉDIENTS:
- 1 livre de filets de saumon
- ¼ de feuilles d'aneth
- 1 cuillère à soupe de miel
- 1 cuillère à soupe de raifort
- 1 cuillère à soupe de moutarde
- 1 cuillère à soupe d'huile d'olive
- 2 petits pains grillés
- 1 avocat

INSTRUCTIONS:
a) Placer les filets de saumon dans un mixeur et mélanger jusqu'à consistance lisse, transférer dans un bol, ajouter l'aneth, le miel, le raifort et bien mélanger
b) Salez, poivrez et formez 4 galettes
c) Dans un bol mélanger la moutarde, le miel, la mayonnaise et l'aneth
d) Dans une poêle, faire chauffer l'huile, ajouter les galettes de saumon et cuire 2 à 3 minutes de chaque côté.
e) Lorsque vous êtes prêt, retirez du feu
f) Répartir la laitue et l'oignon entre les petits pains
g) Placer la galette de saumon dessus et verser le mélange de moutarde et les tranches d'avocat.

63. pétoncles poêlés

Donne : 4

INGRÉDIENTS:
- 1 livre de pétoncles géants
- 1 cuillère à soupe d'huile de canola

INSTRUCTIONS:
a) Assaisonner les pétoncles et réfrigérer quelques minutes
b) Dans une poêle, faire chauffer l'huile, ajouter les pétoncles et cuire 1 à 2 minutes de chaque côté.
c) Une fois prêt, retirez du feu et servez

64. Morue noire

Donne : 4

INGRÉDIENTS:
- ¼ tasse de pâte miso
- ¼ tasse de saké
- 1 cuillère à soupe de mirin
- 1 cuillère à café de sauce soja
- 1 cuillère à soupe d'huile d'olive
- 4 filets de morue noire

INSTRUCTIONS:
a) Dans un bol, mélanger le miso, la sauce soja, l'huile et le saké
b) Frotter le mélange sur les filets de morue et laisser mariner pendant 20 à 30 minutes.
c) Ajuster le gril et faire griller les filets de morue pendant 10 à 12 minutes.
d) Lorsque le poisson est cuit, retirez-le et servez-le

65. Saumon glacé au miso

Donne : 4

INGRÉDIENTS:
- ¼ tasse de miso rouge
- ¼ tasse de saké
- 1 cuillère à soupe de sauce soja
- 1 cuillère à soupe d'huile végétale
- 4 filets de saumon

INSTRUCTIONS:
a) Dans un bol, mélanger le saké, l'huile, la sauce soja et le miso
b) Frottez le mélange sur les filets de saumon et la marinade pendant 20 à 30 minutes.
c) Préchauffer un gril
d) Faire griller le saumon pendant 5 à 10 minutes
e) Lorsque vous êtes prêt, retirez et servez

PLAT DE LÉGUMES

66. Pâtes de courgettes au pesto de basilic

Donne : 4

INGRÉDIENTS:
- 2 courgettes moyennes, spiralées
- 2 tasses de feuilles de basilic
- Jus d'1 citron fraîchement pressé
- 3 gousses d'ail, émincées
- ½ tasse de noix de cajou, trempées dans l'eau toute la nuit puis égouttées

INSTRUCTIONS:
a)   Disposez les lanières de courgettes dans une assiette.
b)   Placer le reste des ingrédients dans un robot culinaire et mélanger jusqu'à consistance lisse.
c)   Verser la sauce sur les courgettes et servir.

67. Brocoli et tomates

Donne : 3

INGRÉDIENTS:
- 1 tête de brocoli, coupée en fleurons puis blanchie
- ¼ tasse de tomates, coupées en dés
- Sel et poivre au goût
- Persil haché pour la garniture

INSTRUCTIONS:
a) Placer tous les ingrédients dans un bol.
b) Remuer pour enrober tous les ingrédients.
c) Servir.

68. Fettuccine de courgettes avec taco mexicain

Donne : 6

INGRÉDIENTS:
- 1 cuillère à soupe d'huile d'olive
- 1 livre de dinde hachée maigre
- 1 gousse d'ail, hachée
- 1 cuillère à soupe de poudre de chili
- ¼ cuillère à café de poudre d'ail
- ¼ cuillère à café de poudre d'oignon
- ¼ cuillère à café d'origan séché
- 1 ½ cuillère à café de cumin moulu
- ¼ tasse d'eau
- ¼ tasse de tomates en dés
- 2 grosses courgettes, spiralées
- ½ tasse de fromage cheddar râpé

INSTRUCTIONS:
a) Mettre l'huile dans une casserole et faire chauffer à feu moyen.
b) Faire revenir la dinde pendant 2 minutes avant d'ajouter l'ail et les oignons. Remuer encore une minute.
c) Assaisonner avec de la poudre de chili, de la poudre d'ail, de la poudre d'oignon, de l'origan et du cumin moulu. Faire revenir encore une minute
d) avant d'ajouter l'eau et les tomates.
e) Fermez le couvercle et laissez mijoter 7 minutes.
f) Ajoutez les courgettes et le fromage et laissez cuire encore 3 minutes.

69. Haricots verts

Donne : 4

INGRÉDIENTS:
- 11 onces de haricots verts
- 1 cuillère à soupe de poudre d'oignon
- 1 cuillère à soupe d'huile d'olive
- ½ cuillère à café de sel
- ¼ cuillère à café de flocons de piment rouge

INSTRUCTIONS:
a) Lavez soigneusement les haricots verts et mettez-les dans le bol.
b) Saupoudrer les haricots verts de poudre de lion, de sel, de piments et d'huile d'olive.
c) Secouez soigneusement le haricot vert.
d) Préchauffez le réfrigérateur à air 400F.
e) Placer les haricots verts dans la friteuse et cuire 8 minutes.
f) Ensuite, secouez les haricots verts et faites-les cuire 4 minutes ou plus à 400 F.

70. Satay à la crème de champignons

Donne : 6

INGRÉDIENTS:
- 7 onces de champignons cremini
- 2 cuillères à soupe de lait de coco
- 1 cuillère à soupe de beurre
- 1 cuillère à café de flocons de piment
- ½ cuillère à café de vinaigre balsamique
- ½ cuillère à café de curry en poudre
- ½ cuillère à café de poivre blanc

INSTRUCTIONS:
a) Lavez soigneusement les champignons.
b) Saupoudrez ensuite les champignons de flocons de piment, de poudre de curry et de poivre blanc.
c) Préchauffer la friteuse à air à 400 F.
d) Mettez le beurre dans le panier de la friteuse à air et faites-le fondre.
e) Mettez les champignons dans la friteuse et laissez cuire 2 minutes.
f) Secouez bien les champignons et saupoudrez de lait de coco et de vinaigre balsamique.
g) Cuire les champignons encore 4 minutes à 400 F.
h) Embrochez ensuite les champignons sur les bâtonnets de bois et servez.

71. Hamburger de lentilles et carottes

Donne : 4

INGRÉDIENTS:
- 6 onces de lentilles, cuites
- 1 oeuf
- 2 onces de carottes, râpées
- 1 cuillère à café de semoule
- ½ cuillère à café de sel
- 1 cuillère à café de curcuma
- 1 cuillère à soupe de beurre

INSTRUCTIONS:
a) Cassez l'œuf dans le bol et fouettez-le.
b) Ajoutez les lentilles cuites et écrasez le mélange à l'aide de la fourchette.
c) Saupoudrez ensuite le mélange de carotte râpée, de semoule, de sel et de curcuma.
d) Mélangez le tout et préparez les burgers moyens.
e) Mettez le beurre dans les burgers de lentilles. Cela les rendra juteux.
f) Préchauffer la friteuse à air à 360 F.
g) Mettez les burgers de lentilles dans la friteuse et laissez cuire 12 minutes.
h) Retournez les burgers sur une autre face après 6 minutes de cuisson.
i) Refroidissez ensuite les burgers de lentilles cuits et servez-les.

72. Patates douces sautées au parmesan

Donne : 2

INGRÉDIENTS:
- 2 patates douces, pelées
- ½ oignon jaune, tranché
- ½ tasse de crème
- ¼ tasse d'épinards
- 2 onces de parmesan, râpé
- ½ cuillère à café de sel
- 1 tomate
- 1 cuillère à café d'huile d'olive

INSTRUCTIONS:
a) Hachez les patates douces.
b) Hachez la tomate.
c) Hachez les épinards.
d) Vaporisez le plateau de la friteuse à air avec de l'huile d'olive.
e) Disposez ensuite sur la couche de patate douce hachée.
f) Ajoutez la couche d'oignon émincé.
g) Après cela, saupoudrez l'oignon émincé d'épinards et de tomates hachés.
h) Saupoudrer la cocotte de sel et de fromage râpé.
i) Versez la crème.
j) Préchauffer la friteuse à air à 390 F.
k) Couvrir le plateau de la friteuse à air avec le papier d'aluminium.
l) Faites cuire la cocotte pendant 35 minutes.

73. Faisceaux de chou-fleur parfumés au romarin

Donne : 4

INGRÉDIENTS:
- ⅓ tasse de farine d'amande
- 4 tasses de chou-fleur en riz
- ⅓ tasse de fromage mozzarella ou cheddar râpé faible en gras
- 2 oeufs
- 2 cuillères à soupe de romarin frais, finement haché
- ½ cuillère à café de sel

INSTRUCTIONS:
a) Préchauffez votre four à 400°F
b) Mélanger tous les ingrédients dans un bol de taille moyenne
c) Répartir le mélange de chou-fleur en 12 rouleaux/biscuits de taille égale sur une plaque à pâtisserie légèrement graissée et tapissée de papier d'aluminium.
d) Cuire au four jusqu'à ce qu'il devienne doré, ce qui devrait être obtenu en 30 minutes environ.

74. Nouilles de courgettes au pesto

Donne : 4

INGRÉDIENTS:
- 4 courgettes, spiralées
- 1 cuillère à soupe d'huile d'avocat
- 2 gousses d'ail, hachées
- ⅔ tasse d'huile d'olive
- ⅓ tasse de parmesan, râpé
- 2 tasses de basilic frais
- ⅓ tasse d'amandes
- ⅛ cuillère à café de poivre noir
- ¾ cuillère à café de sel marin

INSTRUCTIONS:
a) Ajouter les nouilles de courgettes dans une passoire et saupoudrer de ¼ cuillère à café de sel.
b) Couvrir et laisser reposer 30 minutes.
c) Bien égoutter les nouilles de courgettes et les sécher.
d) Préchauffer le four à 400°F.
e) Placer les amandes sur une plaque à pâtisserie tapissée de papier sulfurisé et cuire au four pendant 6 à 8 minutes.
f) Transférer les amandes grillées dans le robot culinaire et mélanger jusqu'à obtenir une consistance grossière.
g) Ajouter l'huile d'olive, le fromage, le basilic, l'ail, le poivre et le reste du sel dans un robot culinaire avec les amandes et mélanger jusqu'à obtenir une texture de pesto.
h) Cuire l'huile d'avocat dans une grande poêle à feu moyen-vif.
i) Ajouter les nouilles de courgettes et cuire 4 à 5 minutes.
j) Versez le pesto sur les nouilles de courgettes, mélangez bien et laissez cuire 1 minute.
k) Servir immédiatement avec du saumon au four.

75. Cubes de tempeh à l'érable et au citron

Donne : 4

INGRÉDIENTS:
- Tempeh; 1 paquet
- Huile de noix de coco; 2 à 3 cuillères à café
- Jus de citron; 3 cuillères à soupe
- Sirop d'érable; 2 cuillères à café
- 1 à 2 cuillères à café d'Aminos liquides ou de tamari à faible teneur en sodium
- Eau; 2 cuillères à café
- Basilic séché; ¼ cuillère à café
- Ail en poudre; ¼ cuillère à café
- Poivre noir (fraîchement moulu) ; goûter

INSTRUCTIONS:
a) Faites chauffer votre four à 400°C.
b) Coupez votre bloc de tempeh en carrés sous forme de bouchées.
c) Cuire l'huile de coco à feu moyen-vif dans une poêle antiadhésive.
d) Une fois fondu et chauffé, ajoutez le tempeh et faites cuire d'un côté pendant 2 à 4 minutes, ou jusqu'à ce que le tempeh prenne une couleur brun doré.
e) Retournez les morceaux de tempeh et laissez cuire 2 à 4 minutes.
f) Mélangez le jus de citron, le tamari, le sirop d'érable, le basilic, l'eau, l'ail et le poivre noir pendant que le tempeh dore.
g) Déposez le mélange sur le tempeh, puis remuez pour couvrir le tempeh.
h) Faire sauter pendant 2-3 minutes, puis retourner le tempeh et faire revenir 1 à 2 minutes de plus.
i) Le tempeh, des deux côtés, doit être doux et orange.

76. Salade de roquette et patates douces

Donne : 4

INGRÉDIENTS:
- 1 livre de patates douces
- 1 tasse de noix
- 1 cuillère à soupe d'huile d'olive
- 1 tasse d'eau
- 1 cuillère à soupe de sauce soja
- 3 tasses de roquette

INSTRUCTIONS:
a) Cuire les pommes de terre à 400 F jusqu'à ce qu'elles soient tendres, retirer et réserver
b) Dans un bol, arroser les noix d'huile d'olive et passer au micro-ondes pendant 2-3 minutes ou jusqu'à ce qu'elles soient grillées.
c) Dans un bol, mélanger tous les ingrédients de la salade et bien mélanger
d) Verser sur la sauce soja et servir

77. Bœuf avec riz au brocoli ou au chou-fleur

Donne : 2

INGRÉDIENTS :
- 1 livre de steak rond de bœuf cru, coupé en lanières
- 1 cuillère à soupe + 2 cuillères à café de sauce soja faible en sodium
- 1 sachet Splenda
- ½ tasse d'eau
- 1 ½ tasse de fleurons de brocoli
- 1 cuillère à café d'huile de sésame ou d'olive
- 2 tasses de chou-fleur cuit, râpé ou de chou-fleur en riz surgelé

INSTRUCTIONS :
a) Mélanger le steak avec la sauce soja et laisser reposer environ 15 minutes.
b) Chauffer l'huile à feu moyen-vif et faire sauter le bœuf pendant 3 à 5 minutes ou jusqu'à ce qu'il soit doré.
c) Retirer de la poêle.
d) Placez le brocoli, le Splenda et l'eau.
e) Couvrir et cuire 5 minutes ou jusqu'à ce que le brocoli commence à devenir tendre, en remuant de temps en temps.
f) Remettez le bœuf dedans et faites bien chauffer.
g) Servir le plat avec du riz au chou-fleur.

78. Nouilles Au Poulet Et Aux Courgettes

Donne : 2

INGRÉDIENTS:
- 1 grosse courgette, spiralée
- 1 poitrine de poulet, sans peau et désossée
- ½ cuillères à soupe de piment jalapeno, émincé
- 2 gousses d'ail, hachées
- ½ cuillère à café de gingembre émincé
- ½ cuillères à soupe de sauce de poisson
- 2 cuillères à soupe de crème de coco
- ½ cuillères à soupe de miel
- ½ jus de citron vert
- 1 cuillère à soupe de beurre de cacahuète
- 1 carotte, hachée
- 2 cuillères à soupe de noix de cajou, hachées
- ¼ tasse de coriandre
- 1 cuillère à soupe d'huile d'olive

INSTRUCTIONS:
a)   Cuire l'huile d'olive dans une poêle à feu moyen-vif.
b)   Assaisonner la poitrine de poulet avec du poivre et du sel.
c)   Une fois l'huile chaude, ajoutez la poitrine de poulet dans la poêle et faites cuire 3 à 4 minutes de chaque côté ou jusqu'à ce qu'elle soit cuite.
d)   Retirer la poitrine de poulet de la poêle.
e)   Râpez la poitrine de poulet avec une fourchette et réservez.
f)   Dans un petit bol, mélanger le beurre de cacahuète, le jalapeno, l'ail, le gingembre, la sauce de poisson, la crème de coco, le miel et le jus de citron vert.
g)   Mettre de côté.
h)   Dans un grand bol à mélanger, mélanger les courgettes spiralées, les carottes, les noix de cajou, la coriandre et le poulet râpé.
i)   Verser le mélange de beurre d'arachide sur les nouilles de courgettes et mélanger.
j)   Servir immédiatement et déguster.

79. Spaghettis à la mijoteuse

Donne : 8

INGRÉDIENTS :
- 1 once d'huile d'olive
- 4 onces de saucisse italienne
- 16 onces de bœuf haché
- 1 cuillère à café d'assaisonnement italien séché
- ½ cuillère à café de marjolaine séchée
- 1 cuillère à café de poudre d'ail
- 29 onces de sauce tomate en conserve
- 6 onces de pâte de tomate en conserve
- 1 4 ½ onces de tomates à l'italienne en conserve, coupées en dés
- ¼ cuillère à café de feuilles de thym séchées
- ¼ cuillère à café de basilic séché
- ½ cuillère à café d'origan
- ⅓ once de poudre d'ail
- ½ once de sucre blanc

INSTRUCTIONS :
a) Préchauffer l'huile dans une grande poêle à feu moyen. Faire revenir les oignons et les saucisses dans l'huile jusqu'à ce que les oignons soient translucides et que les saucisses soient dorées uniformément.
b) Déplacez la saucisse dans la casserole de votre mijoteuse.
c) Cuire la marjolaine, le bœuf haché, l'assaisonnement et 1 cuillère à café d'ail dans la même poêle pendant 10 minutes ou jusqu'à ce que la viande soit friable et dorée uniformément.
d) Transférer le bœuf dans la mijoteuse. Incorporer le reste des ingrédients au mélange dans la mijoteuse et cuire à feu doux pendant 8 heures.

80. Lo Mein au Bœuf

Donne : 4

INGRÉDIENTS:
- 8 onces de spaghettis non cuits
- 1 cuillère à café d'huile de sésame
- ½ once d'huile d'arachide
- 4 gousses d'ail émincées
- ½ once de gingembre, émincé
- 32 onces de légumes mélangés
- 16 onces de bifteck de flanc tranché finement
- 1 ½ once de sauce soja
- 1 once de cassonade
- ½ once de sauce aux huîtres
- ½ once de pâte de chili aromatisée à l'ail

INSTRUCTIONS:
a) Faire bouillir de l'eau salée et cuire les nouilles spaghetti pendant 12 minutes
b) Égouttez les nouilles et versez-les dans un grand bol.
c) Mélangez les nouilles avec l'huile de sésame et couvrez le bol pour garder les nouilles au chaud.
d) Faites cuire l'huile d'arachide dans une grande poêle à feu moyen-vif et faites revenir l'ail et le gingembre dans l'huile pendant 30 secondes.
e) Ajouter les légumes dans la poêle et cuire 5 minutes, puis ajouter le bœuf et cuire encore 5 minutes ou jusqu'à ce qu'il soit bien chaud.
f) Mélanger tous les ingrédients ensemble pendant 3 minutes jusqu'à ce qu'ils soient chauds.

SOUPE ET RAGOÛT

81. Soupe aux tomates rôties

Donne : 6

INGRÉDIENTS:
- 3 livres de tomates coupées en deux
- 6 ail (écrasé)
- 4 cuillères à café d'huile de cuisson ou d'huile vierge
- Sel au goût
- ¼ tasse de crème épaisse (facultatif)
- Feuilles de basilic frais tranchées pour la garniture

INSTRUCTIONS:
a) Four à chaleur moyenne d'environ 427f, préchauffer le four.
b) Dans votre bol, mélangez les tomates coupées en deux, l'ail, l'huile d'olive, le sel et le poivre.
c) Étalez le mélange de tomates sur la plaque à pâtisserie déjà préparée
d) Pendant 20 à 28 minutes, rôtissez et remuez
e) Retirez-le ensuite du four et les légumes rôtis doivent maintenant être transférés dans une marmite.
f) Incorporer les feuilles de basilic
g) Mixez par petites portions dans un mixeur
h) Sers immédiatement

82. soupe de cheeseburger

Donne : 4

INGRÉDIENTS:
- 14,5 onces peuvent couper des tomates en dés
- 1 livre de bœuf haché maigre à 90 %
- ¾ tasse de céleri haché
- 2 cuillères à café de sauce Worcestershire
- 3 tasses de bouillon de poulet faible en sodium
- ¼ cuillère à café de sel
- 1 cuillère à café de persil séché
- 7 tasses de pousses d'épinards
- ¼ cuillère à café de poivre moulu
- 4 onces de fromage cheddar râpé faible en gras

INSTRUCTIONS:
a) Prenez une grande marmite et faites cuire le bœuf jusqu'à ce qu'il devienne brun.
b) Ajouter le céleri et faire revenir jusqu'à ce qu'il devienne tendre.
c) Retirer du feu et égoutter l'excès de liquide. Incorporer le bouillon, les tomates, le persil, la sauce Worcestershire, le poivre et le sel.
d) Couvrez avec le couvercle et laissez mijoter à feu doux pendant environ 20 minutes.
e) Ajoutez les épinards et laissez-les cuire jusqu'à ce qu'ils fanent en 1 à 3 minutes environ.
f) Garnissez chacune de vos portions de 1 once de fromage.

83. Chili aux lentilles rapide

Donne : 10

INGRÉDIENTS:
- 1½ tasse de poivron épépiné ou coupé en dés
- 5 tasses de bouillon de légumes (il doit avoir une faible teneur en sodium)
- 1 cuillère à soupe d'ail
- ¼ cuillère à café de poivre fraîchement moulu
- 1 tasse de lentilles rouges
- 3 cuillères à café remplies de poudre de chili
- 1 cuillère à soupe de cumin moulu

INSTRUCTIONS:
a) Placez votre casserole sur feu moyen
b) Mélangez vos oignons, poivrons rouges, bouillon de légumes faible en sodium, ail, sel et poivre
c) Cuire et remuer toujours jusqu'à ce que les oignons soient plus translucides et que tout le liquide se soit évaporé. Cela prendra environ 10 minutes.
d) Ajouter le reste du bouillon, le jus de citron vert, la poudre de chili, les lentilles, le cumin et faire bouillir.
e) Réduisez le feu à ce stade, couvrez pendant environ 15 minutes pour laisser mijoter jusqu'à ce que les lentilles soient bien cuites.
f) Arroser d'un peu d'eau si le mélange semble épais.
g) Le chili sera bien cuit lorsque la majeure partie de l'eau sera absorbée.
h) Servir et déguster.

84. Poulet au citron et à l'ail

Donne : 4

INGRÉDIENTS:
- 1 petit citron, jus
- 1 ¾ livre de cuisses de poulet avec os et sans peau
- 2 cuillères à soupe d'origan frais, émincé
- 2 gousses d'ail, hachées
- 2 livres. d'asperges, parées
- ¼ cuillère à café chacun ou moins pour le poivre noir et le sel

INSTRUCTIONS:
a)   Préchauffer le four à environ 350F. Mettez le poulet dans un bol de taille moyenne.
b)   Maintenant, ajoutez l'ail, l'origan, le jus de citron, le poivre et le sel et mélangez.
c)   Rôtir pendant 40 minutes.
d)   Une fois les cuisses de poulet cuites, retirez-les et réservez-les pour qu'elles reposent.
e)   Maintenant, faites cuire les asperges à la vapeur sur une cuisinière ou au micro-ondes jusqu'à la cuisson désirée.
f)   Servir les asperges avec les cuisses de poulet rôties.

85. Soupe crémeuse de chou-fleur

Donne : 6

INGRÉDIENTS:
- 5 tasses de riz au chou-fleur
- 8 onces de fromage cheddar, râpé
- 2 tasses de lait d'amande non sucré
- 2 tasses de bouillon de légumes
- 2 cuillères à soupe d'eau
- 2 gousses d'ail, hachées
- 1 cuillère à soupe d'huile d'olive

INSTRUCTIONS:
a) Faites cuire l'huile d'olive dans une grande marmite à feu moyen.
b) Ajouter l'ail et cuire 1 à 2 minutes. Ajouter le riz au chou-fleur et l'eau.
c) Couvrir et cuire 5 à 7 minutes.
d) Ajoutez maintenant le bouillon de légumes et le lait d'amande et remuez bien.
e) Porter à ébullition.
f) Baissez le feu et laissez mijoter pendant 5 minutes.
g) Éteignez le feu.
h) Ajouter lentement le fromage cheddar et remuer jusqu'à consistance lisse.
i) Assaisonner la soupe avec du poivre et du sel.
j) Bien mélanger et servir chaud.

86. Soupe taco au poulet Crockpot

Donne : 6

INGRÉDIENTS:
- 2 poitrines de poulet désossées surgelées
- 2 boîtes de haricots blancs ou noirs
- 1 boîte de tomates en dés
- ½ paquet d'assaisonnement pour tacos
- ½ cuillère à café de sel d'ail
- 1 tasse de bouillon de poulet
- Sel et poivre au goût
- Chips de tortilla, crème sure au fromage et coriandre comme garniture

INSTRUCTIONS:
a)   Mettez votre poulet congelé dans la mijoteuse et placez également les autres ingrédients dans la piscine.
b)   Laisser cuire environ 6 à 8 heures.
c)   Après la cuisson, sortez le poulet et émincez-le à la taille souhaitée.
d)   Enfin, placez le poulet émincé dans la mijoteuse et mettez-le dans une mijoteuse. Remuer et laisser cuire.
e)   Vous pouvez également ajouter plus de haricots et de tomates pour aider à étirer la viande et la rendre plus savoureuse.

87. Sauté de tofu avec ragoût d'asperges

Donne : 4

INGRÉDIENTS:
- 1 livre d'asperges, tiges coupées
- 2 cuillères à soupe d'huile d'olive
- 2 blocs de tofu, pressés et coupés en cubes
- 2 gousses d'ail, hachées
- 1 cuillère à café de mélange d'épices cajun
- 1 cuillère à café de moutarde
- 1 poivron, haché
- ¼ tasse de bouillon de légumes
- Sel et poivre noir, au goût

INSTRUCTIONS:
a) À l'aide d'une grande casserole remplie d'eau légèrement salée, placez-y les asperges et faites cuire jusqu'à ce qu'elles soient tendres pendant 10 minutes ; vidange.
b) Mettez un wok sur feu vif et faites chauffer l'huile d'olive; incorporer les cubes de tofu et cuire 6 minutes.
c) Placer l'ail et cuire pendant 30 secondes jusqu'à ce qu'il soit tendre.
d) Incorporer le reste des ingrédients, y compris les asperges réservées, et cuire encore 4 minutes.
e) Répartir dans les assiettes et servir.

88. Soupe de tomates à la crème de thym

Donne : 6

INGRÉDIENTS:
- 2 cuillères à soupe de ghee
- ½ tasse de noix de cajou crues, coupées en dés
- 2 boîtes (28 onces) de tomates
- 1 cuillère à café de feuilles de thym frais + un peu pour garnir
- 1 ½ tasse d'eau
- Sel et poivre noir au goût

INSTRUCTIONS:
a)   Faites cuire le ghee dans une casserole à feu moyen et faites revenir les oignons pendant 4 minutes jusqu'à ce qu'ils soient ramollis.
b)   Incorporer les tomates, le thym, l'eau, les noix de cajou et assaisonner de sel et de poivre noir.
c)   Couvrir et laisser mijoter 10 minutes jusqu'à ce qu'il soit bien cuit.
d)   Ouvrez, éteignez le feu et mixez les ingrédients avec un mixeur plongeant.
e)   Ajuster au goût et incorporer la crème épaisse.
f)   Verser dans des bols à soupe et servir.

89. de champignons et jalapeño

Donne : 4

INGRÉDIENTS:
- 2 cuillères à café d'huile d'olive
- 1 tasse de poireaux, hachés
- 1 gousse d'ail, hachée
- ½ tasse de branches de céleri, hachées
- ½ tasse de carottes, hachées
- 1 poivron vert, haché
- 1 piment jalapeno, haché
- 2 ½ tasses de champignons, tranchés
- 1 ½ tasse de bouillon de légumes
- 2 tomates hachées
- 2 brins de thym hachés
- 1 brin de romarin, haché
- 2 feuilles de laurier
- ½ cuillère à café de sel
- ¼ cuillère à café de poivre noir moulu
- 2 cuillères à soupe de vinaigre

INSTRUCTIONS:
a) Mettez une casserole sur feu moyen et faites chauffer l'huile.
b) Ajouter l'ail et les poireaux et faire revenir jusqu'à ce qu'ils soient tendres et translucides.
c) Ajoutez le poivre noir, le céleri, les champignons et les carottes.
d) Cuire en remuant pendant 12 minutes ; incorporer un peu de bouillon de légumes pour vous assurer qu'il n'y a pas de collage.
e) Incorporer le reste des ingrédients.
f) Régler le feu à moyen; laisser mijoter pendant 25 à 35 minutes ou jusqu'à ce qu'il soit bien cuit.
g) Répartir dans des bols individuels et servir chaud.

90. Soupe au chou-fleur

Donne : 4

INGRÉDIENTS:
- 2 cuillères à soupe d'huile d'olive
- 1 cuillère à café d'ail, émincé
- 1 livre de chou-fleur, coupé en fleurons
- 1 tasse de chou frisé, haché
- 4 tasses de bouillon de légumes
- ½ tasse de lait d'amande
- ½ cuillère à café de sel
- ½ cuillère à café de flocons de piment rouge
- 1 cuillère à soupe de persil frais haché

INSTRUCTIONS:
a) Mettez une casserole sur feu moyen et faites chauffer l'huile.
b) Ajouter l'ail et les oignons et faire revenir jusqu'à ce qu'ils soient dorés et ramollis.
c) Placer dans le bouillon de légumes, le chou frisé et le chou-fleur; cuire 10 minutes jusqu'à ce que le mélange bout.
d) Incorporer les flocons de piment, le sel et le lait d'amande ; baisser le feu et laisser mijoter la soupe pendant 5 minutes.
e) Transférer la soupe dans un mixeur plongeant et mixer jusqu'à obtenir la consistance désirée ; garnir de persil et servir immédiatement.

DESSERT

91. Pouding au Chia

Donne : 2

INGRÉDIENTS:
- 4 cuillères à soupe de graines de chia
- 1 tasse de lait de coco non sucré
- ½ tasse de framboises

INSTRUCTIONS:
a) Ajouter la framboise et le lait de coco dans un mixeur et mélanger jusqu'à consistance lisse.
b) Versez le mélange dans le bocal en verre.
c) Ajoutez les graines de chia dans un pot et remuez bien.
d) Fermez le pot avec un couvercle, agitez bien et placez au réfrigérateur pendant 3 heures.
e) Servir frais et déguster.

92. Pudding citron vert-avocat

Donne : 9

INGRÉDIENTS:
- 2 avocats mûrs, dénoyautés et coupés en morceaux
- 1 cuillère à soupe de jus de citron vert frais
- 14 onces de lait de coco en conserve
- 2 cuillères à café de stevia liquide
- 2 cuillères à café de vanille

INSTRUCTIONS:
a) Incorporer tous les ingrédients et mélanger jusqu'à consistance lisse.
b) Servir.

93. Bouchées de brownies

Donne : 13

INGRÉDIENTS:
- ¼ tasse de pépites de chocolat non sucré
- ¼ tasse de cacao en poudre non sucré
- 1 tasse de pacanes, hachées (½ maigres)
- ½ tasse de beurre d'amande
- ½ cuillères à café de vanille
- ¼ tasse d'édulcorant aux fruits du moine
- ⅛ cuillères à café de sel rose

INSTRUCTIONS:
a) Ajouter les pacanes, l'édulcorant, la vanille, le beurre d'amande, la poudre de cacao et le sel dans le robot culinaire et mélanger jusqu'à ce que le tout soit bien mélangé.
b) Transférer le mélange de brownies dans le grand bol. Ajouter les pépites de chocolat et bien plier.
c) Formez de petites boules rondes à partir du mélange de brownies et placez-les sur une plaque à pâtisserie.
d) Placer au congélateur pendant 20 minutes.

94. Boules de citrouille

Donne : 18

INGRÉDIENTS:
- 1 tasse de beurre d'amande
- 5 gouttes de stévia liquide
- 2 cuillères à soupe de farine de noix de coco
- 2 cuillères à soupe de purée de potiron
- 1 cuillère à café d'épices pour tarte à la citrouille

INSTRUCTIONS:
a) Mélanger la purée de citrouille dans un grand bol et le beurre d'amande jusqu'à ce que le tout soit bien mélangé.
b) Ajouter la stévia liquide, les épices pour tarte à la citrouille et la farine de noix de coco et bien mélanger.
c) Façonnez des petites boules avec le mélange et disposez-les sur une plaque allant au four.
d) Placer au congélateur pendant 1 heure.

95. Grappes de noix et de chocolat

Donne : 25

INGRÉDIENTS:
- 9 onces de pépites de chocolat noir sans sucre
- ¼ tasse d'huile de coco non raffinée
- 2 tasses de noix mélangées salées

INSTRUCTIONS:
a) Tapisser une plaque à pâtisserie à rebords de papier sulfurisé ou d'un tapis de cuisson en silicone.

b) Dans un bol allant au micro-ondes, mettez un morceau de pépites de chocolat et d'huile de coco et passez au micro-ondes jusqu'à ce que le chocolat soit fondu.

c) Utilisez une spatule pour mélanger. Laissez-le refroidir dans une certaine mesure avant de l'utiliser.

d) Mélangez jusqu'à ce que toutes les noix se recouvrent à l'intérieur du chocolat.

e) Déposez une gigantesque cuillerée du combo sur la feuille de préparation préparée.

f) Conservez les restes au réfrigérateur jusqu'à trois semaines.

96. Bombes grasses au beurre de coco et au cacao

Donne : 12

INGRÉDIENTS :
- 1 tasse d'huile de coco
- ½ tasse de beurre non salé
- 6 cuillères à soupe de cacao en poudre non sucré
- 15 gouttes de stévia liquide
- ½ tasse de beurre de coco

INSTRUCTIONS :
a) Dans une casserole, mettez le beurre, l'huile de coco, la poudre de cacao et la stevia et faites cuire à feu doux en remuant fréquemment jusqu'à ce qu'ils soient fondus.
b) Faire fondre le beurre de coco dans une autre casserole à feu doux.
c) Versez 2 cuillères à soupe de mélange de cacao dans chaque puits d'un moule en silicone de 12 tasses.
d) Ajoutez 1 cuillère à soupe de beurre de coco fondu dans chaque puits.
e) Mettre au congélateur jusqu'à durcissement, environ 30 minutes.

97. Gâteau Aux Myrtilles Et Au Citron

Donne : 4

INGRÉDIENTS :
POUR LE GÂTEAU :
- ⅔ tasse de farine d'amande
- 5 œufs
- ⅓ tasse de lait d'amande, non sucré
- ¼ tasse d'érythritol
- 2 cuillères à café d'extrait de vanille
- Jus de 2 citrons
- 1 cuillère à café de zeste de citron
- ½ cuillère à café de bicarbonate de soude
- Pincée de sel
- ½ tasse de bleuets frais (½ maigres)
- 2 cuillères à soupe de beurre fondu

POUR LE GLAÇAGE :
- ½ tasse de crème épaisse
- Jus de 1 citron
- ⅛ tasse d'érythritol

INSTRUCTIONS :
a) Préchauffer le four à 350F
b) Dans un bol, ajoutez la farine d'amande, les œufs et le lait d'amande et mélangez bien jusqu'à consistance lisse.
c) Ajoutez l'érythritol, une pincée de sel, le bicarbonate de soude, le zeste de citron, le jus de citron et l'extrait de vanille. Mélangez et mélangez bien.
d) Incorporez les myrtilles.
e) Utilisez le beurre pour graisser le moule à charnière.
f) Versez la pâte dans les moules graissés. Mettez sur une plaque à pâtisserie pour une cuisson uniforme. Mettre au four jusqu'à ce qu'il soit bien cuit au milieu et légèrement doré sur le dessus, environ 35 à 40 minutes.
g) Laisser refroidir avant de démouler. Mélangez l'érythritol, le jus de citron et la crème épaisse. Bien mélanger.
h) Versez le glaçage dessus. Servir.

98. Écorce de Choco-Amande

Donne : 10

INGRÉDIENTS:
- ½ tasse d'amandes grillées, hachées
- ½ tasse de beurre
- 10 gouttes de stévia
- ¼ cuillère à café de sel
- ½ tasse de flocons de noix de coco non sucrés (9⅛ de condiment)
- 4 onces de chocolat noir

INSTRUCTIONS:
a) Faites chauffer le beurre et le chocolat au micro-ondes pendant 90 secondes.
b) Retirez-le et incorporez la stévia.
c) Préparez une plaque à biscuits avec du papier ciré et étalez le chocolat uniformément.
d) Arroser d'amandes, de flocons de noix de coco et saupoudrer de sel.
e) Réfrigérez pendant 60 minutes.

99. Mousse de ravitaillement

Donne : 2

INGRÉDIENTS:
- 1 sachet de chocolat chaud Optavia
- ½ tasse de gélatine sans sucre
- 1 cuillère à soupe de fromage à la crème léger
- 2 cuillères à soupe d'eau froide
- ¼ tasse de glace pilée

INSTRUCTIONS:
a) Placer tous les ingrédients dans un mixeur.
b) Pulser jusqu'à consistance lisse.
c) Versez dans un verre et placez au réfrigérateur pour prendre.
d) Servir frais.

100. Avocat farci

Donne : 2

INGRÉDIENTS:
- 1 avocat, coupé en deux et dénoyauté
- 10 onces de thon en conserve, égoutté
- 2 cuillères à soupe de tomates séchées au soleil, hachées
- 1 et ½ cuillère à soupe de pesto de basilic
- 2 cuillères à soupe d'olives noires dénoyautées et hachées
- Sel et poivre noir au goût
- 2 cuillères à café de pignons de pin grillés et hachés
- 1 cuillère à soupe de basilic haché

INSTRUCTIONS:
a)   Mélangez le thon avec les tomates séchées dans un bol, ainsi que le reste des ingrédients sauf l'avocat et remuez.
b)   Farcir les moitiés d'avocat avec le mélange de thon et servir en entrée.

CONCLUSION

Alors que nous concluons notre voyage à travers « Le livre de recettes complet pour manger sans céréales », nous espérons que vous avez découvert les joies de l'alimentation sans céréales et que vous avez ressenti l'impact positif que cela peut avoir sur votre santé et votre bien-être. Chaque recette que vous avez préparée a été une étape vers un mode de vie dynamique et sans céréales.

Nous vous encourageons à continuer à explorer cette voie, à expérimenter les saveurs et à personnaliser vos plats sans céréales selon vos préférences. En faisant preuve de créativité en cuisine et en mettant l'accent sur des ingrédients sains et riches en nutriments, vous pouvez faire des repas sans céréales une partie permanente et agréable de votre vie.

Merci de nous permettre de faire partie de votre aventure culinaire. Alors que vous continuez à savourer ces plats riches en nutriments et sans céréales, que votre voyage soit rempli de vitalité, de satisfaction et du goût délicieux d'une santé éclatante. Place à un avenir de repas savoureux et sans céréales !